彼美人兮

两汉罗马时期女性文物展

SHE WALKS IN BEAUTY

WOMEN OF THE HAN DYNASTY AND THE ROMAN EMPIRE

湖南博物院
北京坤远文博展览有限公司 ◎编著

岳麓書社·长沙

彼美人兮

两汉罗马时期女性文物展

SHE WALKS IN BEAUTY: WOMEN OF THE HAN DYNASTY AND THE ROMAN EMPIRE

主办单位

湖南博物院、罗马文化遗产监督管理局

承办单位

北京坤远文博展览有限公司、意大利 Arteficio 有限公司

支持单位

中国文物交流中心、中华文物交流协会、中国文物学会、湖南省妇女联合会

特别鸣谢

意大利驻华大使馆、意大利驻华大使馆文化处

参展单位

湖南博物院、河北博物院、南越王博物院、汉景帝阳陵博物院、北京考古遗址博物馆、

四川博物院、成都博物馆、长沙博物馆、长沙市文物考古研究所

卡比托利欧博物馆、卡比托利欧博物馆—古物陈列馆、卡比托利欧博物馆—蒙特马尔蒂尼中心、

罗马文明博物馆、罗马博物馆、罗马市历史档案馆、博尔盖塞别墅、

多里亚·潘菲利别墅、罗马市立现代艺术馆

湖南博物院展览组织机构及成员

展览筹备委员会主任、总策划：段晓明

展览筹备委员会副主任：李丽辉

展览筹备委员会委员：郭学仁 陈叙良 张晓娅 李 莉 陈 滨 金 樊

学术顾问：裔昭印 刘 甲

策划、项目负责人：喻燕姣 戴鹏伦

策展人：许宁宁

内容方案：许宁宁 王 卉 李明洁 陈 锐 欧阳小红 顾赫然 黄晨曦 苏 好
刘家朋 马天怡 陈芷茗 聂昆玉 康可儿 芦宇桐 洪 夏

统稿、校改：喻燕姣 许宁宁 温星金

形式设计：梁 潇 吉 聪 魏 琦 周宏浩 冯 帆 刘 燕

展览图文校核：陈华丽 刘 波 申国辉 王 帅 刘 琦

展品保护：刘 亮 董鲜艳 蔺朝颖 胡 茜 周 游

展品组织：方昭远 吴小燕 张艳华 覃 璇

宣传推广：吴 镝 马金灿 李 叶 欧 蓉

数字展示与采集：何 也 金 明 毕 枫 黄 桢 彭尔靖 许 蒙

网站和新媒体宣传：孙玲玲 曾明辉 李 娟 彭 莎 徐天竹

展品点交与监管：廖 丹 徐丽莉 刘 丰 李 燕 任亭燕 申国辉 刘 琦 刘 波

展览联络与备案：黄 磊 刘仁玉 张 锋 段 炼 申国辉 马天怡 康可儿

展览制作管理：陈 峰 侯立男 易 盛 景子平 谢 涛 黄 琴 李 欢 郭 成

教育活动：李茜子 胡伟矗 王 鑫 张诗佳 杜佳莹

开放管理：王晓曦 刘 薇 蒋 玮 唐君丽 尹怡明 李 洋 曹婷婷 蒋晓凤
杨 宇 邓颐欢

安全管理：刘赫子 刘长武 黄锋华 吴世响 吴 璜

文创开发与管理：张 煦 张 琳 刘 杰 杨濛菡 马天怡 魏 琦 张雨馨 田 佳
张艺源

行政保障：唐 微 吴彦波 赵化锋 张 欢 何 力 魏 颖 张 斌 贺婧婷
易 佩 张郭宁 邓 晖

展览制作：湖南拓立昇装饰工程有限公司

Women in Classical Time

Changsha, Hunan Museum, 15, June, 2024–7, October, 2024.
Shenyang, Liaoning Provincial Museum, 1, January, 2025–1, July, 2025.

ROMA CAPITALE

Roberto Gualtieri
Mayor

Massimiliano Smeriglio
City councillor for culture

Claudio Parisi Presicce
Capitoline Superintendent for Cultural Heritage

Exhibition

Planned and organized by

Capitoline Superintendence For Cultural Heritage

Arteficio s.r.l.

Commissioner

Claudio Parisi Presicce

Coordinators

Nadia Agnoli

Catalogue

Texts by

Claudio Parisi Presicce
Nadia Agnoli
Maria Paola Del Moro Maria
Lucia Spagnuolo
Daniela Tabò

Didactics

Nadia Agnoli
Arianna Angelelli
Alessandra Avagliano
Claudia Cecamore

Claudia Cecamore
Isabella Damiani
Maria Paola Del Moro
Maria Gabriella Lilli
Lucia Spagnuolo
Daniela Tabò

Register of service providers

Capitoline Superintendence For Cultural Heritage
Archivio Storico Capitolino
Galleria d'Arte Moderna
Musei Capitolini
Musei Capitolini, Antiquarium
Musei Capitolini, Centrale Montemartini
Museo della Civiltà Romana
Museo di Roma
Museo Pietro Canonica, Deposito di Sculture di Villa Borghese
Museo di Villa Vecchia a Villa Pamphilj

Conservation

Croma srl

Manuela Coppedè
Angela Maria D'Amelio
Isabella Damiani
Maria Paola Del Moro
Cristina Falcucci
Claudia Ferro
Maria Cristina Molinari
Angela Napolitano
Barbara Nobiloni
Elda Scoppetta
Daniela Tabò
Irene Tombesi

Aknowledgments

Fabio Benedettucci
Lia Ceravolo
Federico De Martino
Ilaria Miarelli Mariani
Claudia Maresca
Mara Minasi
Paola Piccione
Federica Pirani

Photographs

Photographic Archives of the lenders:

Archivio Storico Capitolino: nn. 153, 161, 200, 201, 202, 203

Galleria d'Arte Moderna: n. 59

Musei Capitolini: nn. 31, 56, 57, 58, 126, 132, 165, 185, 193, 204, 213, 214, 216, 218

Musei Capitolini, Antiquarium: nn. 3-15, 17, 24-30, 32, 70-77, 80-98, 118, 119, 136-142, 169-184, 187

Musei Capitolini, Centrale Montemartini: nn. 1, 65, 67, 160, 163, 166-168, 188, 189, 190, 191, 194, 196, 197, 198, 199, 215

Musei Capitolini, Medagliere Capitolino: nn. 127, 134, 135

Museo della Civiltà Romana: nn. 2, 16, 106, 120, 149, 150, 152, 164, 192

Museo di Roma: nn. 128-131, 143, 162, 186

Museo di Villa Vecchia a Villa Pamphilj: nn. 133, 158, 217

Museo Pietro Canonica, Deposito sculture Villa Borghese: n. 195

Photographs by:

Alessandra Ciniglio

Zeno Colantoni

Alfredo Valeriani

目 录

致 辞

SPEECH

致　辞

致辞一

意大利罗马市市长　瓜尔蒂耶里

文化和历史是搭建国家、民族和个人之间对话桥梁的宝贵工具。我们坚信相互理解和交流的价值，因此我们长久以来都支持通过一系列的文化项目来向世界展示我们璀璨的文化遗产。同时，我们也积极将我们的文化遗产与其他文明进行对比，就像本次在长沙举办的展览一样。

展览的英文题目“She Walks in Beauty: Women of the Han Dynasty and the Roman Empire”中的主标题引用了拜伦勋爵一句著名的诗，它表达了我们在女性身上看到的和谐美与优雅。同时副标题揭示了展览的主要内容，通过古罗马与两汉社会文化的对比，叙述了古罗马女性世界的诸多方面。

面对如此鲜见的命题，罗马市的文化部和罗马文化遗产监督管理局接受了这一挑战，并在意大利驻华大使馆及意大利驻华大使馆文化处的协助下，罗马文化遗产监督管理局局长克劳迪奥·帕里西·普雷西切圆满完成了这个重要展览项目的策划。展览展示了共计 149 件展品，它们揭示了女性这一生在社会约束和规训下所扮演的不同角色：女孩、女人、妻子和母亲。然而，尽管存在明显的性别限制，但仍有一些女性在社会活动中发挥了积极作用，尤其是在政治活动领域，部分女性以引领者的身份改变了历史的走向。展览为了更深入地探讨这一点，着重突出了那些在人类记忆中以典范形象而为人所铭记的女性，以及广大的普通女性和神话与信仰中的女性形象。

展厅中向观众展示了数量众多的艺术作品和生活用品，这些内容被成体系地分为三大主题，这也使得展览的内容异常丰富。在这些内容中，来自中国 9 家文博机构的共计 81 件两汉文物与卡比托利欧的展品被陈列在同一空间中。这种巧妙的安排，使得这些精美的文物与古老的文明在同一个场域开展了一次深刻的对谈，让我们感受到了古罗马世界与中国文明中的女性所拥有生命经历中的异同。

我坚信这段穿越两大文明、关于女性生命宇宙的旅程会引起广大观众的热情关注。

Speech 1

Messaggio di Roberto Gualtieri

Culture and history are precious tools for building bridges of dialogue between countries, peoples and individuals. Convinced of the fertile value of mutual understanding and encounters, we are supporting numerous initiatives to project our extraordinary heritage and make it known around the world, while also suggesting comparisons with other historical and cultural fields, as is the case with this beautiful exhibition in Changsha.

To quote a famous verse by Lord Byron, in which the poet expressed the harmony and poise we can see in a female figure, the exhibition "She Walks in Beauty: Women of the Han Dynasty and the Roman Empire" offers a narrative of different aspects of the female universe in ancient Rome by comparing it with Chinese culture and society.

The purpose is to bring together two great and ancient cultures, of ancient Rome and China. Roma Capitale chose to accept this challenge through the Department of Culture and the Capitoline Superintendency of the Cultural Heritage, with the support of the Italian Embassy and the Italian Cultural Institute in Beijing, resulting in this important exhibition project curated by the Superintendent Claudio Parisi Presicce. The exhibition of 149 works from the Capitoline Collections sheds light on the role of women in a society in which life was marked by decisive and rigidly codified transitions: girl, woman, wife and mother. However, despite the marked gender constraints, some extraordinary women managed to play an active part in society, and often to condition the course of politics, attaining a leading role in history. To explore this point more deeply, the exhibition brings out the figures of women who, by their example, have remained in the collective memory, together with ordinary women and figures from religion and myth.

The exhibition layout is very rich, being divided into three large sections where artworks are presented to the public, as well as objects from everyday life. Within the sections, in dialogue with the works from the Capitoline Collections, visitors will be able to appreciate 81 works on loan from 9 Chinese museums, with particular reference to the Han period. This results in an interesting conversation between two ancient cultures, through works of great beauty, which enable us to observe analogies and differences in the condition of women between the Roman world and Chinese civilisation.

I am sure that there will be many visitors who will be fascinated by this journey through the female universe of two of the world's great cultures.

致辞二

意大利驻华大使　安博思

“彼美人兮：两汉罗马时期女性文物展”由湖南博物院主办，这是中国官方博物馆与罗马卡比托利欧博物馆的一次积极合作。

展览通过丰富的展品，揭示了两汉罗马时期女性多样的生活图景。同时，本次展览也是为庆祝湖南长沙马王堆汉墓考古发掘完成五十周年所举办系列活动的重要组成部分，展览以多种实证为媒介，展示了两汉罗马时期女性在古代世界所扮演的多元化的角色——从社会环境限制下的女儿或妻子的角色，到她们在文化、政治生活中的主导地位，以及理想化的美与美德的代表。

在追求性别平等成为社会主要目标的当下，这场展览同样具有现实意义：它让我们反思历史上的女性所扮演的重要角色以及被忽视的社会贡献。展览旨在强调，尽管女性经常受到社会文化环境的限制，但她们却在数个世纪中成为了关键人物，她们的一举一动塑造了罗马与两汉两大文明的社会、文化和政治结构。

这个项目是巴尔巴拉·阿里吉耶罗女士在成功组织“大河文明”巡展之后的又一力作。虽然两次展览选择的主题不尽相同，但毫无疑问，这又是一场围绕文明对话所开展的研究与阐述。所以，某种意义上说，本次展览也是既往展览精神的一种延续。

今年不仅是意大利与中国签署全面战略伙伴关系二十周年，也是促成东西方世界相互了解与接触的关键人物——马可·波罗逝世七百周年，我作为意大利驻华大使，在这个重要的时间节点，为这类项目的顺利开幕感到十分的高兴。

这些重要的周年纪念使得两个伟大的文明通过独特的历史和文化遗产相互联系，也为国家间的对话提供了宝贵契机。

因此，我想向所有参与本次展览的机构和个人表达我由衷的感谢，正是他们的热情与奉献，才使得这次展览得以实现。我坚信这次展览不仅是一次灵感的迸发，也更让我们深刻了解了双方文明几千年文化历程中极为关键的方面。

Speech 2

Messaggio di S.E. l'Ambasciatore Massimo Ambrosetti

The exhibition "She Walks in Beauty : Women of the Han Dynasty and Roman Empire", hosted by the Provincial Museum of Hunan, is the outcome of a very positive cooperation between the Capitoline Museums of Rome and the Chinese Authorities.

The rich archaeological panorama of the exhibition reveals the numerous facets of the women who lived in Imperial Rome and in the Chinese Empire during the Han Dynasty. Celebrating 50 years since the discovery of Lady Dai's tomb, the cultural itinerary shows many examples of the diversified dimensions that Roman and Chinese women have embodied also in ancient societies: from their role – often socially constrained – of daughters and wives to their ability of being protagonists of cultural and political life and representative of ideals of beauty and virtue.

In an era where gender equality stands as a primary objective, this exhibition has also a contemporary significance: it makes us reflect on the crucial but often concealed contributions of women throughout history. This exhibition underlines how - despite their roles frequently limited by the socio-cultural context - women have been pivotal figures for centuries, shaping the social, cultural, and political fabrics of two great civilizations such as Rome and China.

This project follows another successful exhibition, organized by Barbara Alighiero, dedicated to the Civilizations of the Great Rivers and in this sense represents a sort of continuation, albeit dealing with different themes, of a historical research and narrative centered on cultural dialogue.

As the Italian Ambassador to China, I am very glad for such initiatives, especially in this significant year that celebrates the twentieth anniversary of the signing of the Comprehensive Strategic Partnership between Italy and China and the celebrations for the 700 years since the passing of Marco Polo, who remains – through his book – a key figure for the mutual knowledge and understanding between East and West.

These important anniversaries offer the opportunity to strengthen the dialogue between two great civilizations, the Italian and the Chinese, linked by the uniqueness of their histories and cultural heritages.

Therefore, I wish to express my heartfelt thanks to all the institutions and personas who, with great passion and dedication, have contributed to the realization of this exhibition, a source of inspiration and better knowledge of key aspects of our millennia-old cultures.

致辞三

姜　猛
湖南省文化和旅游厅党组成员、省文物局局长

2000 多年前的汉朝与罗马作为东西方遥相辉映的两大文明，不仅在政治、经济领域成就斐然，更在文化艺术、社会生活等层面展现了非凡的创造力并产生了深远的影响。两大文明虽相隔万里，但却拥有跨越山海的勇气，既彼此欣赏，又相互影响。习近平主席在 2019 年访问意大利前夕发表署名文章说："中国和意大利两个伟大文明的友好交往源远流长。早在两千多年前，古老的丝绸之路就让远隔万里的中国和古罗马联系在一起。"

习近平总书记指出："文明因交流而多彩，因互鉴而丰富。"本次展览正是践行这一理念的生动实践。作为东西方文明的杰出代表和拥有丰富世界遗产的国家，中意两国都肩负着文化遗产保护与传承的共同使命。此次"彼美人兮：两汉罗马时期女性文物展"正是两国博物馆之间交流互鉴的合作范例，它搭建起中意文化交流的新平台，为广大观众提供了一个近距离感受古代女性生活美学、思考性别角色演变的独特窗口，开启了中华文明与地中海文明的跨时空对话新篇章。我坚信，每一位参观者都能在这场展览里感受到历史的温度，领略到女性的风采，体会到文明的共鸣。

古老丝绸之路上悠扬的驼铃声依然回荡在耳畔，今天我们齐聚于此，希望通过本次展览，展示中意文化合作的累累硕果，更以此为契机，深化两国在文化遗产保护与文博领域的合作与友谊，铺设未来合作的坚实基石。

最后，预祝展览圆满成功，感谢大家的关注与支持！

致辞四

陈叙良
湖南博物院党委副书记、副院长

50 年前，马王堆汉墓完成考古发掘，汉代辉煌壮丽的篇章在湖湘大地再度焕发光彩。当我们把目光转向万水千山之外的地中海，2000 年前的古罗马也同样沐浴在文明的璀璨光芒下。中意两大文明经由丝绸之路紧密相连，在漫漫丝路上，彼此互相遥望，互相遐想。今天，我们相聚在湖南博物院，聚焦两汉罗马时期的女性群体，找寻隐匿在历史长河中的“她力量”。她们虽然相隔万里，拥有不同的历史境遇与生命旅程，却以独特的方式，在历史的织锦上绣出了各自熠熠生辉、源远流长的文明图腾。

“志合者，不以山海为远。”2018 年，湖南博物院携手中国及意大利、美国、法国等国内外的数十家博物馆，联合举办了“在最遥远的地方寻找故乡——13—16 世纪中国与意大利的跨文化交流”展览，以跨文化的视角和全新的理念，为观众讲述一段源远流长的中意文化交流的故事，充分展示多元文化融合共生、共同创造人类文明的历史进程。6 年后，湖南博物院很荣幸与意大利罗马文化遗产监督管理局共同筹办此次“彼美人兮：两汉罗马时期女性文物展”，为中意博物馆文化交流再续新篇。

“彼美人兮：两汉罗马时期女性文物展”在策展理念上，以女性生命中的家庭生活、社会生活及情感生活三个主要生活场景为脉络，探索她们在家庭、社会乃至国家中的角色与贡献，再现 2000 年前东西方文化中绚丽多彩的女性叙事，通过东西方文物对话的方式，揭示不同文化背景下女性们各美其美的文化特色和美美与共的理想追求。我相信，每一位踏入展厅的观众，在与这些穿越时空的女性目光相遇时，她们华丽而优雅的装扮，她们坚毅而自信的眼神，她们的深情与力量，定会触动各位的心弦。

最后，我谨代表湖南博物院，感谢意大利驻中华人民共和国大使馆、意大利驻广州总领事馆、罗马文化遗产监督管理局，感谢中国文物交流中心、湖南省妇女联合会等支持单位，以及博物馆界对本次展览的大力支持。

预祝展览取得圆满成功！

ANTIQUE CATALOG

图　录

PREFACE

前　言

汉朝与罗马作为东西方遥相辉映的两大文明，对古代社会进行了一次结构性重塑。在随后的几个世纪中，两大文明凭依丝绸之路，开始了对彼此的想象，文明之间的共性也被一次次地确认与阐释。

繁盛之下，女性生命图景也呈现出新的风貌。她们，慧心巧思，用指间经纬编织出连接两大文明的桥梁；她们，颠覆刻板，在各个领域挑战新的角色，塑造新的传统；她们，神采奕奕，于平凡中点亮不凡，寻找着万物可爱的小确幸。

她们，鲜活而昂扬。

她们，存在；我们，寻觅。

让我们走入历史的另一种叙事，与当时的她们相遇。去见证，当文明的星光弥漫历史的苍穹，她们是如何在璀璨却脉脉难言的生命历程中，于须臾之间，为我们留下永恒的力量。

此时，星汉灿烂，终与君见。

The Han Dynasty and Rome, as two great civilizations that shone brightly from the East to the West, structurally reshaped ancient society. Over the following centuries, these two civilizations began to imagine each other through the Silk Road, and their shared characteristics were consistently confirmed and clarified.

In times of prosperity, the landscape of women's lives also took on a new appearance. With clever minds and skillful hands, they wove the threads that connected these two great civilizations; they challenged stereotypes and embraced new roles across various fields, forging new traditions; they shone with vivacity in the ordinary, finding joy in the simple pleasures of life.

They are vibrant and spirited.

They exist; we seek them out.

Let's enter a different historical narrative, to encounter the women of that era. To witness how, as civilization's starlight spread across the historical sky, they left us with eternal strength in their luminous yet profound life journeys.

Now, as the stars shine brilliantly, we finally meet.

戴头纱的贵妇人大理石雕像
Veiled Statue of a Matron

馆藏：卡比托利欧博物馆—蒙特马尔蒂尼中心
时代：公元 2 世纪
尺寸：宽 67 厘米，厚 49 厘米，高 211 厘米

这尊雕像塑造的是一位古罗马贵妇人。她披着头纱，身着长衫，其服饰正是罗马帝国时期国力强盛、丝绸之路连通东西、商贸往来繁盛的真实写照。罗马艺术中塑造的女性形象和女性时尚都极具特色，传递出古罗马女性的美和她们内外双修的审美追求。在这件雕塑作品上，我们与一位古罗马时期的女子相遇，通过一抹头纱见证文明交流的可能，或许她头戴的头纱正出自一位东方女性的巧手。她的形象是文明的见证，是生命的延续，也是美的永恒。

第一单元
怡然燕居
Unit One: Home

桃之夭夭，灼灼其华。之子于归，宜其室家。

当绘有东西方女性居家情景的画卷被徐徐打开，我们会看到早起懒梳妆的她们，依旧睡意蒙眬；会看到梳洗后琳琅环佩的她们，衣袂飘飘，顾盼生辉；会看到参加宴会时局促中夹杂些许兴奋的她们，又可以轻吟浅唱，落落大方；还会看到闲暇之时的她们，轻挥团扇，笑语盈盈，沉浸在娱乐嬉戏的忘我快乐中。

东西方女性围绕家这个核心场景，用心编织日常生活，塑造自我形象，既有对外在仪表的极致追求，也有对内在修养的深度锤炼。家，成为了女性对美好生活的热切期待，也是寻求自我感知的温馨港湾。

The peach tree beams so red, How brilliant are its flowers! The maiden's getting wed, Good for the nuptial bowers. As the scroll unfolds, revealing scenes of Eastern and Western women at home, we glimpse them in the early morn, dressing and grooming, still wrapped in sleep; and we see them, adorned with dazzling jewels, garments flowing, and their glances shimmering with life's light. At gatherings caught between shyness and excitement, they sing softly with grace; in moments of leisure, they gently wave fans, laughter ringing like music, completely absorbed in their play.

Women from both the East and the West center their lives around the home, carefully crafting their daily routines and shaping their self-image. They strive for perfection in their appearance and deeply cultivate their inner selves. Thus, the home becomes not just a place where they anticipate a beautiful life but also a place for self-discovery.

第一组

美人卷珠帘 深坐颦蛾眉

爱美，是人类的天性，而女性尤爱。“芙蓉不及美人妆，水殿风来珠翠香。”

精致的妆容是古罗马与汉代女性日常生活中不可或缺的一部分，不仅作为时尚潮流的生动载体，更是展示女性社会地位、审美观念及精神寄托的关键特征。

从铜镜玉梳到脂粉黛墨，品类多样的梳妆用具，无不凝聚着东西方女性的智慧与匠心；而粉妆玉砌、眉目如画的化妆技艺，无不体现着东西方女性对美孜孜不倦的追求，使我们得以窥见女性如何通过梳妆打扮这一日常生活仪式，巧妙地塑造个人形象，积极参与到家庭内外的社会交往之中。

雕有女性化妆品的墓碑（石膏复制品）
Tombstone of Poppedia Secunda. Plaster Cast.

馆藏：罗马文明博物馆
时代：原物为公元 2 世纪早期
尺寸：宽 40 厘米，厚 32 厘米，高 70 厘米

对于古罗马追逐时尚的女性而言，发型和妆容是她们美丽容貌的核心。她们对从遥远的东方和亚历山大港运来的各式化妆品十分青睐，如眼影、香膏、腮红、粉底等。艺术作品中常见妇女梳妆打扮的情景，这件浮雕生动地再现了古罗马女性各式各样的化妆用品，可以看出古罗马女性对于妆容精益求精的追求。

①②③④⑤

这一组玻璃质香膏瓶，造型别致，颜色多样，体现了罗马帝国时期精湛的玻璃制造技艺。这类香膏瓶用途广泛，主要盛放香水、药膏、香料、乳霜等女性化妆用品。同时，精美的玻璃容器也被视为奢侈品和地位象征物，常作为交换礼品或贵族日常生活的点缀，出现在浴室、宴会以及墓葬陪葬品中，反映了古罗马社会中女性对个人卫生、美容及生活品质的追求。

① 梨形香膏瓶

Unguentarium with Pear-Shaped Body

馆藏：卡比托利欧博物馆

时代：公元 1 世纪

尺寸：直径 1.6 厘米，高 4.8 厘米

② 双体香膏瓶
Unguentarium with Double Tube Body

馆藏：卡比托利欧博物馆
时代：公元 4—5 世纪
尺寸：直径 4 厘米，高 10.5 厘米

③ 圆锥形香膏瓶
Unguentarium with Truncated-Conical Body

馆藏：卡比托利欧博物馆
时代：公元 2—3 世纪
尺寸：直径 3.2 厘米，高 15.1 厘米

④ 管状香膏瓶

Unguentarium with Elongated Body

馆藏：卡比托利欧博物馆
时代：公元 1—2 世纪
尺寸：直径 1.7 厘米，高 8.1 厘米

⑤ 梨形香膏瓶

Unguentarium with Pear-Shaped Body

馆藏：卡比托利欧博物馆
时代：公元 1—2 世纪
尺寸：直径 2 厘米，高 7.9 厘米

①②③④⑤⑥⑦

这是一套古罗马女性的美容用具，包括梳子、刮刀、镊子、勺形量杯、单柄壶和深碗。罗马帝国时期，洗浴文化风靡，女性在涂完膏状物后常使用刮刀刮除油脂、污垢、死皮，以达到美容与清洁的效果。而在贵族阶层的女性中，光滑的肌肤被认为是洁净的表现和美的象征，去除面部、腿部的体毛是一项重要的美容习惯。骨制刮刀因其质地坚硬且边缘易于被打磨锋利而被用于刮除体毛，镊子则便于更加精确地拔除毛发，避免对身体造成误伤。勺形量杯则可能用于调配和测量粉末状或液体状的化妆品，单柄壶和深碗或许是盛放液体的辅助化妆及用于清洁的工具。

① 带有铭文的铅制梳子

Rectangular Comb with Inscriptions

馆藏：卡比托利欧博物馆

时代：公元 1 世纪早期

尺寸：长 10.4 厘米，宽 5.5 厘米

② 骨质勺形刮刀

Spatula with Spoon-Shaped Stem

馆藏：卡比托利欧博物馆

时代：公元 1—4 世纪

尺寸：长 8.5 厘米

③ 骨质鱼形刮刀

Spatula with Fish-Shaped Stem

馆藏：卡比托利欧博物馆

时代：公元 1—4 世纪

尺寸：长 10 厘米

④ 青铜镊子
Bronze Tweezers

馆藏：卡比托利欧博物馆
时代：公元1—4世纪
尺寸：长7.1厘米

⑤ 勺形量杯
Spoon-Ladle

馆藏：卡比托利欧博物馆
时代：公元1—4世纪
尺寸：长15.7厘米，宽3厘米

⑥ 单柄玻璃壶
Jug with Vertical Handle

馆藏：卡比托利欧博物馆
时代：公元 1—2 世纪
尺寸：高 9.7 厘米

⑦ 半球形玻璃深碗
Hemispherical Glass Bowl

馆藏：卡比托利欧博物馆
时代：公元 1 世纪
尺寸：直径 8.9 厘米，高 4 厘米

装饰有小爱神丘比特的小型骨质器物盒
Pyxis (small box) with Cupid in Relief

馆藏：卡比托利欧博物馆
时代：公元 1—2 世纪
尺寸：直径 4.2 厘米，高 8 厘米

这件小型骨质器物盒应是女性用以盛放化妆用品的器具，不仅精巧实用，盒身上还有两个正在嬉戏的丘比特。丘比特是罗马神话中爱与美之神维纳斯的儿子，常被描绘为带有翅膀的孩童形象，手持弓箭，象征爱情的激发与降临。盒盖上有一位女性侧面半身像，被认为是缪斯女神。这般装饰设计，增强了器物盒的珍贵感，也体现了女主人对美的向往及对爱神的尊崇。

雕有神话和盥洗场景的化妆盒（电镀复制品）

Proiecta Box Set. Galvanoplasty Cast. Silvered and Gilded Metal

馆藏：罗马文明博物馆
时代：原物为公元 4 世纪晚期
尺寸：长 55.9 厘米，宽 43.2 厘米，高 28.6 厘米

和现代一样，梳子、镜子、化妆盒都是女性梳妆台的必备品。古罗马女性会使用化妆盒放多种化妆用品，而且化妆盒的形状和材质多种多样。这件化妆盒是一对新婚夫妇的结婚用品，外表刻有神话和盥洗场景，这些图案既是装饰艺术的体现，也展现了当时女性对于神祇崇拜和自我认知的多重内涵。通过这些细节，可以遥想古罗马女性每日晨起时对镜化美妆、理云鬓的生活场景。

绘有母狼哺婴图案的青铜镜
Mirror with the Wolf Nursing the Twins

馆藏：卡比托利欧博物馆
时代：公元前 4 世纪
尺寸：宽 18.5 厘米，高 24.2 厘米

“照花前后镜，花面交相映。”对于古代女性而言，对镜梳妆是每日的必修课。可以说，古人有多爱美，就有多爱照镜子，本件铜镜，意在突出此间意蕴。此镜来自罗马，特别之处在于它的背面绘有著名的“母狼哺婴”的图案，这个故事后来成为罗马文化的象征，又在另一个层面讨论了母性与文明（诞生）的关系。

① “大乐贵富”四叶蟠螭纹镜
Bronze Mirror with Characters Design

馆藏：湖南博物院
时代：西汉（公元前 206—25 年）
尺寸：直径 18.6 厘米

② “青盖”龙虎纹铜镜

Bronze Mirror with Sacred Beasts Design

馆藏：湖南博物院

时代：东汉（公元25—220年）

尺寸：直径12.3厘米

③ “日光”“昭明”铭文铜镜
Bronze Mirror with Inscriptions in Chinese

馆藏：湖南博物院
时代：西汉（公元前 206—25 年）
尺寸：直径 11 厘米

④ “张氏”三虎纹铜镜
Bronze Mirror with Tigers Design

馆藏：湖南博物院
时代：东汉（公元 25—220 年）
尺寸：直径 10.7 厘米

⑤ “位至三公”铭文双夔纹铜镜

Bronze Mirror with Kui Pattern and Inscriptions in Chinese

馆藏：湖南博物院
时代：东汉中晚期至魏晋（公元 2—5 世纪）
尺寸：直径 8.1 厘米

⑥ “君宜高官”铭文双夔纹铜镜

Bronze Mirror with Kui Pattern and Inscriptions in Chinese

馆藏：湖南博物院
时代：东汉中晚期至魏晋（公元 2—5 世纪）
尺寸：直径 9.8 厘米

①②③④⑤⑥

这组青铜镜是汉代女性居家日常所用的梳妆镜，大小不一，形制相近，唯有背面纹饰与铭文各不相同，彰显出不同的设计理念和内心祈愿。铜镜背面铸造的铭文正是她们内心祈愿的真实表达：如祈愿家居富贵的“大乐贵富，千秋万岁，宜酒食”“家当大富，乐未央”；如祈愿夫君做高官的“位至三公”“君宜高官”；再如祈愿美好爱情的“长勿相忘”“心忽穆而愿忠，然壅塞而不泄”。这组铜镜映照出了汉代女性日常生活中的细腻情感，以及她们对生活审美意趣的精致追求。

第二组

头安金步摇 耳系明月珰

新裁白苎胜红绡，玉佩珠缨金步摇。

古代丽人，轻挪莲步便钗摇玉响，舞腰回旋则环佩叮当。

珠玉宝石、金银钗环等佩饰与女性的关系向来密切，并与女性审美意识的觉醒相伴而生，成为满足女性形象塑造和审美需求的必需品。在帝国视域下，女性佩饰迎来发展机遇，并随丝路商贸往来于东西方之间，成为展现东西方女性的精神风貌及审美追求的独特媒介，也是还原女性视角下的社会风貌和精神风尚的实物见证。

① 手镯

Bracelet

馆藏：卡比托利欧博物馆

时代：公元 1—4 世纪

尺寸：直径 6.5 厘米

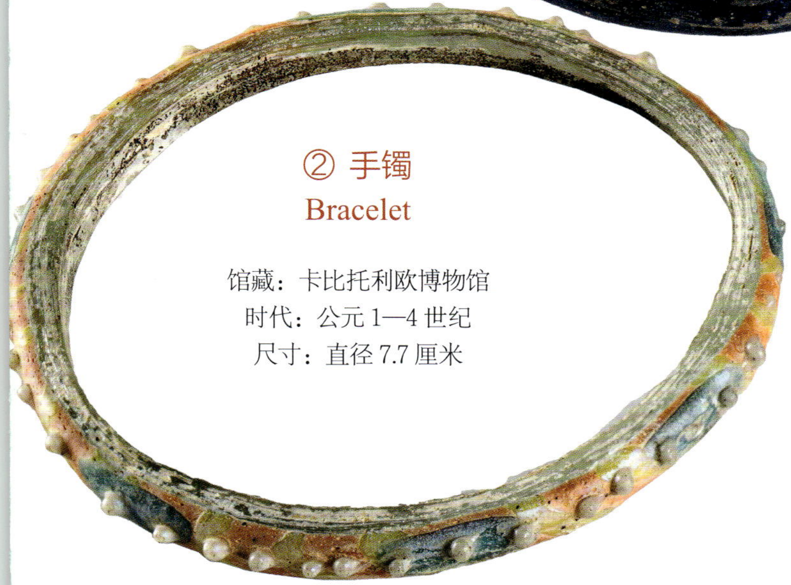

② 手镯

Bracelet

馆藏：卡比托利欧博物馆

时代：公元 1—4 世纪

尺寸：直径 7.7 厘米

③ 手镯

Bracelet

馆藏：卡比托利欧博物馆

时代：公元 1—4 世纪

尺寸：直径 6.5 厘米

①②③

这组玻璃手镯是古罗马女性喜爱的佩饰之一，伴随着玻璃吹制工艺水平的提升，种类繁多的玻璃制品涌入了女性的视野之中，成为了黄金、宝石的替代品，充盈了古罗马女性的首饰盒。这组玻璃手镯，造型简约，但颜色各异，绚丽异常，在女性饰品市场中广受欢迎，也体现了工匠对满足女性审美需求的考量。

① 发簪

Hairpin

馆藏：卡比托利欧博物馆
时代：公元 1—3 世纪
尺寸：长 8.7 厘米

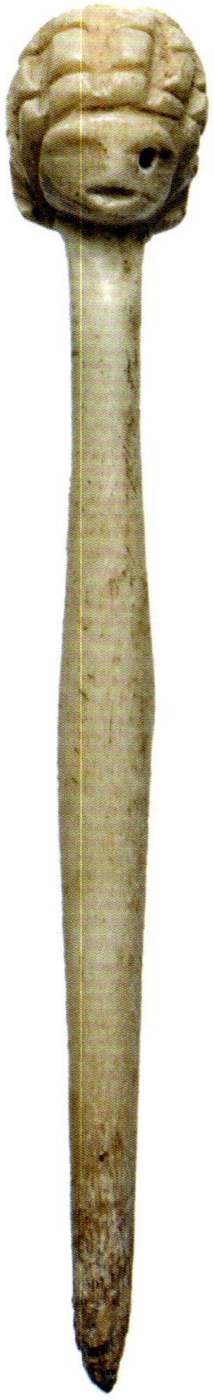

② 发簪

Hairpin

馆藏：卡比托利欧博物馆
时代：公元 1—3 世纪
尺寸：长 6.7 厘米

③ 发簪

Hairpin

馆藏：卡比托利欧博物馆
时代：公元 1—3 世纪
尺寸：长 7 厘米

④ 发簪

Hairpin

馆藏：卡比托利欧博物馆
时代：公元 1—3 世纪
尺寸：长 11 厘米

①②③④

发簪是古罗马女性钟爱的佩饰之一，它既可以固定发型，又可以起到装饰点缀的效果。这组发簪材质不一，有骨质、青铜质两类。造型细长，仅头部的装饰各不相同，有松果形，有女性头像等。在罗马帝国时期，带有圆柱形和球形头部的发簪是主流时尚，有的发簪还会采用更精细的拟人化或动物形装饰，生动反映了古罗马艺术审美加工的情趣特征。

大理石卷发女性头部肖像

Marble Portrait of a Curly Hair woman

馆藏：卡比托利欧博物馆

时代：约公元 1 世纪晚期

尺寸：宽 21 厘米，厚 24 厘米，高 35 厘米

公元 1 世纪末，罗马帝国进入鼎盛时期，被称为帝国的“黄金时代”。这一时期商贸发达，文化多样，女性发型也变得更加精致和复杂，包括多层次的卷发、复杂的编织和丰富的装饰品，并会紧跟美发潮流而改变。这些发型需要专业的发型师来打理，有时也会用指甲花、番泻叶、姜黄等来染发，还会用天然假发来增加发量。这尊女性头像的卷发被仔细地拢起，高高地盘在头顶，是当时罗马最为时兴的款式，在古罗马雕塑作品中经常见到。

银戒指

Silver Ring

馆藏：卡比托利欧博物馆
时代：公元 1—2 世纪
尺寸：直径 1.8 厘米

在古罗马女性的饰品中，戒指占有非常重要的地位，除了起装饰作用外，还象征着权力和财富，同时也是时尚审美的体现。罗马贵族们还会佩戴印章戒指，用来蜡封重要文件，以确保它们的真实性和权威性。同时，古罗马人还率先将戒指作为订婚和结婚的标志。这枚戒指的环形设计与现代无异，戒指上带有长方形的银质圈边，圈内刻有字母“RT”。

蓝色玻璃环
Blue Glass Ring

馆藏：长沙博物馆
时代：西汉（公元前 206—25 年）
尺寸：环断径 8.1 厘米，边宽 1.2 厘米

随着汉代海上、陆上丝绸之路的开辟，国产玻璃制作技术在融合了西方玻璃制造技术的基础上稳步提高。玻璃带钩、剑饰、蝉、环、珠饰等独具特色的玻璃饰品在融合了浓厚的东方元素之后，出现在了女性的饰品清单之中。这件玻璃环出土于西汉长沙国某位王后“曹撰”的墓中，剖面为六边形，素面无纹，通体透光，表面有黑褐色斑块，与自身的深蓝色相映衬，更显高贵神秘、色彩斑斓，应是墓主生前的心爱之物，也是西汉贵族女性佩饰风潮与审美追求的重要物证。

韘形玉佩

Jade Pei Pendant

馆藏：长沙博物馆
时代：西汉（公元前 206—25 年）
尺寸：长 4.6 厘米，宽 3.3 厘米，厚 0.4 厘米

这件玉器以透闪石为原料雕琢而成，玉佩色白，造型精美，双面均以“游丝毛雕”手法雕琢勾连云纹，两侧出廓，透雕舒展流畅的凤鸟纹及卷云纹。这件玉佩应是墓主组玉佩中的一件。

韘形玉佩
Jade Pei Ornament

馆藏：南越王博物院
时代：西汉（公元前 206—25 年）
尺寸：长 11.6 厘米，宽 2.9 厘米，厚 0.25 厘米

这件玉佩出土于西汉南越国第二位国王赵眜的右夫人的棺位处。形制扁平，两面雕刻，上半部透雕双凤纹，下半部作心形，中间镂雕一大圆孔。正面稍凹下，背面稍隆起。两面均刻卷云纹，但纹样稍有不同。韘形佩是古代佩韘传统的延续，在汉代作为贵族佩饰大为盛行，也有传言说韘形佩是爱情的象征。这件韘形佩应是右夫人生前珍爱之物，去世后长伴身侧。

① 镂空龙凤纹玉璧

Jade Bi Disc with Dragon and Phoenix Pattern

馆藏：北京考古遗址博物馆

时代：西汉（公元前 206—25 年）

尺寸：外径 9.18 厘米，内径 3.96 厘米，厚 0.35 厘米

② 透雕螭虎纹玉佩

Jade Pei Pendant with Hornless Dragon Pattern

馆藏：北京考古遗址博物馆

时代：西汉（公元前 206—25 年）

尺寸：长 9 厘米，直径 7.1 厘米，厚 0.53 厘米

③ 镂空凤纹玉觿（2件）

Jade Xi Pointed Pendant with Phoenix Pattern

馆藏：北京考古遗址博物馆
时代：西汉（公元前 206—25 年）
尺寸：长 11.78 厘米，宽 2.35 厘米，厚 0.44 厘米；
长 11.83 厘米，宽 2.47 厘米，厚 0.52 厘米

①②③

这组玉佩饰出自广阳顷王刘建及其王后合葬墓，玉质洁白，器型多样，有玉璧、玉佩和玉觿，雕刻纹饰精美灵动。玉璧为镂空龙凤纹，玉佩雕刻有螭虎，玉觿则两面镂空，线刻回首飞凤，设计精巧，繁简得当。这组玉佩饰是墓主夫妇生前的珍爱之物，是身份和地位的象征。

① 琥珀玛瑙珠串饰
String of Agate and Amber Beads

馆藏：湖南博物院
时代：汉（公元前 206—220 年）
尺寸：直径 0.5—2.1 厘米

② 夹金玻璃珠串饰

String of Gold-in-Glass Beads

馆藏：湖南博物院
时代：汉（公元前 206—220 年）
尺寸：直径 0.4—0.7 厘米

③ 水晶玛瑙玻璃珠串饰

String of Crystal, Agate and Glass Beads

馆藏：湖南博物院
时代：汉（公元前 206—220 年）
尺寸：直径 0.5—2.2 厘米

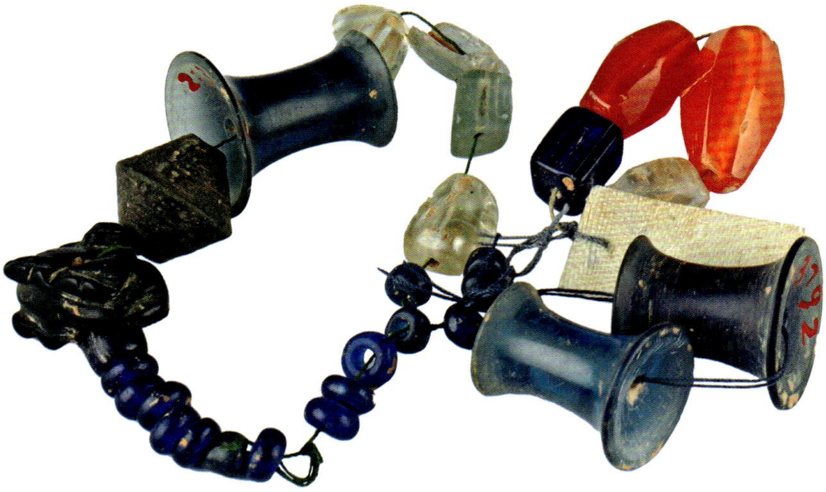

④ 各种材质的珠串饰

String of Beads

馆藏：湖南博物院
时代：汉（公元前 206—220 年）
尺寸：直径 0.3—0.8 厘米

⑤ 铅钡玻璃蜻蜓眼

String of Glass Beads Dragonfly-Eye-Shaped

馆藏：湖南博物院
时代：汉（公元前 206—220 年）
尺寸：直径 0.6 厘米

①②③④⑤

这组汉代珠饰数量众多，种类多样，有水晶珠、玛瑙珠、玻璃珠、琥珀珠、蜻蜓眼等。珠饰器形虽小，却胜在色彩斑斓，通过不同材质和不同组件饰品的排列与搭配，体现了色彩对比下的独特审美。这组精美珠饰混搭成风，真实地反映出汉代女性对珠饰的喜爱与审美意趣，同时也是汉代丝绸之路开通视域下中西方文化交流和贸易繁荣的见证。

①—⑫

汉代四海归一，国力强盛，加之西域凿空，东西方商贸往来频繁，西方精湛的金银制作技艺随之而来，为我国金银器的发展注入了全新的活力。这组汉代金银饰品是女性日常社交活动中所佩戴的饰品，是女性魅力的体现和身份地位的象征，特别是构形别致精巧、制作精细的金珠具有浓厚的异域风情，应当是海外传入的舶来品，更增添了几分生活意趣。

① 金手镯
Gold Bangle

馆藏：湖南博物院
时代：汉（公元前 206—220 年）
尺寸：直径 5.1 厘米

② 金手镯
Gold Bangle

馆藏：湖南博物院
时代：汉（公元前 202—220 年）
尺寸：直径 5.9 厘米

③ 金戒指
Gold Ring

馆藏：湖南博物院
时代：东汉（公元 25—220 年）
尺寸：直径 2 厘米

④ 金戒指
Gold Ring

馆藏：湖南博物院
时代：汉（公元前 206—220 年）
尺寸：直径 2.1 厘米

⑤ 金戒指
Gold Ring

馆藏：湖南博物院
时代：汉（公元前 206—220 年）
尺寸：直径 2.2 厘米

⑥ 金戒指（2 件）
Gold Rings

馆藏：湖南博物院
时代：东汉（公元 25—220 年）
尺寸：直径 1.9—2.1 厘米

⑦ 金珠
Gold Beads

馆藏：湖南博物院
时代：东汉（公元 25—220 年）
尺寸：直径 1.2—1.9 厘米

⑧ 金珠
Gold Beads

馆藏：湖南博物院
时代：西汉（公元前 206—25 年）
尺寸：长 0.7 厘米

⑨ 金珠

Gold Beads

馆藏：湖南博物院
时代：东汉（公元 25—220 年）
尺寸：直径 1.2—1.9 厘米

⑩ 银戒指（6件）
Silver Rings

馆藏：湖南博物院
时代：东汉（公元25—220年）
尺寸：直径2.0—2.2厘米

⑪ 银手镯（3件）
Silver Bangles

馆藏：湖南博物院
时代：东汉（公元25—220年）
尺寸：直径5.4厘米

⑫ 银手镯（3件）

Silver Bangles

馆藏：湖南博物院

时代：东汉（公元 25—220 年）

尺寸：直径 5.3 厘米

第三组

罗衣何飘飘 轻裾随风还

云想衣裳花想容，春风拂槛露华浓。衣裳乃女性之第二肌肤。

在国家强盛、经济繁荣的背景下，女性所追求的服装更多是为展现出更高的审美性、表现性、象征性以及增强个性的需求。

古罗马女性服装以开放性与自信风姿卓然于世。斑斓色彩对比强烈，材质多元，熠熠生辉的珠宝嵌饰其间，繁丽图纹细腻铺陈，不仅映射出社会阶层分明之象，亦揭示彼时女性于社会架构中的地位及其权力表达的痕迹。汉代女性服装则以柔雅线条与精巧工艺诠释含蓄婉约的东方韵味，寓家庭之娴静持重与情感理想于其间。

尽管罗马与汉之女装风貌大相径庭，但皆生动映照出各自文化语境下女性角色的丰富多元与深远影响。

① 大理石女性半身肖像

Marble Bust of a Woman

馆藏：卡比托利欧博物馆
时代：罗马共和国晚期（约公元前 40 年）
尺寸：高 78 厘米（含底座）

② 大理石女性半身肖像

Marble Bust of a Woman

馆藏：卡比托利欧博物馆

时代：公元 2 世纪中期

尺寸：宽 53 厘米，厚 28 厘米，高 81 厘米（头高 23 厘米）

③ 大理石年轻女子半身肖像

Marble Bust of a Young Woman

馆藏：卡比托利欧博物馆
时代：公元 140—150 年
尺寸：宽 29 厘米，厚 27 厘米，高 59 厘米

①②③

这三尊大理石女性半身肖像皆雕刻有精心搭配的衣装。由于时代的不同，三尊雕像所呈现出的穿着风格和样式存在些许差异，但总体上古罗马女性的衣装以宽松、简洁且具有社会等级区分的特点为主。围裹式的帕拉长衫是古罗马女性的标志性着装，不分贵贱皆可穿着，颜色与材质则是身份和财富的象征，这点对于贵族女性来说尤为重要。

《庞贝人物》水彩画

Pompeian Figure

馆藏：罗马市立现代艺术馆
时代：公元 1901 年
尺寸：宽 41 厘米，高 67 厘米

这是描绘古罗马庞贝女性的一幅水彩画。画像中喂食小鸟的女性，正享受着悠闲的时光。她身着丘尼卡，这是一种类似于现代连衣裙的服装，由轻薄柔软的原料，如羊毛、亚麻等制成。丘尼卡的长度可及膝盖，可以搭配腰带，是一种不分性别，各个年龄和阶层的人都可以穿着的服饰。从穿着打扮来看，画像中的应该是一位还未结婚的少女。因为已婚的罗马女性，需要穿着另一种名为斯托拉的长裙。这种长裙的肩膀处使用别针来固定，腰部系带，营造出宽松的褶皱。已婚女性在穿着斯托拉时，通常还会搭配一条名为帕拉的披肩，在室外活动时还会戴面纱。

塑衣式彩绘侍女陶俑

Painted Pottery Maid

馆藏：汉景帝阳陵博物院
时代：西汉（公元前 206—25 年）
尺寸：宽 19 厘米，高 51 厘米

侍女作为汉代贵族家庭和宫廷中的核心服务人员，其形象被生动地刻画在了一尊尊精美的文物之中。这件塑衣式彩绘侍女陶俑身着乳白色交领右衽曲裾深衣，从领口来看其里外共穿三层衣袍。袖口、领口、衣襟处绘有红色、棕色锦缘。该侍女俑面如皎月，柳叶细眉，秋水明眸，樱桃小口，面目丰润，身材匀称，当是服侍皇帝的侍女形象。

① 彩绘木俑

Painted Wooden Figure

馆藏：湖南博物院
时代：西汉初期（公元前 206—约前 163 年）
尺寸：肩宽 9 厘米，高 46 厘米

② 彩绘木俑

Painted Wooden Figure

馆藏：湖南博物院
时代：西汉初期（公元前 206—约前 163 年）
尺寸：肩宽 11 厘米，高 45 厘米

①②

汉代女性的服装种类较多，有绵袍、夹袍、单衣、单裙、夹袜、手套等，质地有绢、纱、罗、绮、锦等多种材质。同时，她们还会根据时令或场合的不同来选择着装，如夏天炎热则穿单衣，参加礼仪场合就需要穿深衣。这两件彩绘木俑所穿的正是深衣，从内到外共分三层，也叫“三重衣”。最外层衣着为交领右衽、广袖曲裾长袍。袍缘绘黑地红花织锦，袍面彩绘云纹，鲜艳夺目，是汉代女性服装的真实写照。

着衣歌俑
Female Singer Figure

馆藏：湖南博物院
时代：西汉初期（公元前 206—约前 163 年）
尺寸：肩宽 10 厘米，高 33 厘米

这尊着衣歌俑面容清丽，神情怡然，头梳盘髻，跽坐吟唱，是目前马王堆汉墓中保存最为完好的一件着衣俑。她身穿交领右衽的丝质深衣，袖口较宽，边缘以褐色的绢做装饰，朴实庄重。通过木俑的衣着再现了西汉早期贵族家庭中歌女的服装样式与着装风格。

曲裾式素纱单衣
Plain Unlined Gauze Gown

馆藏：湖南博物院
时代：西汉初期（公元前 206—约前 163 年）
尺寸：通长 156 厘米，袖口 27 厘米，袖展 191 厘米

这件曲裾式素纱单衣是马王堆辛追墓出土的一件素纱单衣，重 48 克。与 49 克的直裾素纱单衣一样，是反映汉代纺织技艺高超的杰作。其形制为交领右衽，衣料为轻薄、未经染色的平纹方孔素纱织物，袖口和衣领用绢做装饰。整件单衣薄如蝉翼、轻若烟雾，从视觉上能产生极其华丽飘逸之感，彰显了汉代贵族女性对高级面料和精致工艺的追求与独特的审美意趣。

第四组

喜到新居暖
风烟逐院生

风回小院庭芜绿，柳眼春相续。

家是女性的主要活动场所，也是她们个人生活的私密领地，是承载着深厚情感寄托的空间载体。家，被女性赋予了独特的温度与灵魂，她们以其细腻的心思与巧手，通过日常家居陈设，精心营造出洁净高雅的生活环境，使家不仅成为物质生活的容器，也成为精神生活的熔炉，交融诗意与格调，让外在秩序与丰盈内心和谐共生。

在东西方共通的家居美学里，我们可以洞察到东西方女性对营造洁净高雅生活环境的不懈追求，以及她们对充实精神世界所寄予的深厚期待。

带有正弦波纹的多彩马赛克地砖
Polychrome Mosaic Floor Tiles with Patterns

馆藏：罗马文明博物馆
时代：公元 2—3 世纪
尺寸：长 115.5 厘米，宽 97.5 厘米，厚 12 厘米

罗马帝国时期，马赛克艺术得到了空前的发展，这种由彩色的小玻璃片、石子、贝壳乃至珠宝拼嵌而成的图形或图案，被广泛应用于民宅及公共建筑的地板、墙面。这件马赛克镶嵌地砖，有显著的西方风格，几何化的图案从视觉上塑造了独立的空间，增加了住宅建筑的立体性和纵深感，同时也形成了强有力的视觉冲击以及多样的装饰风格。

“庞贝悲剧诗人之家”木质模型

Model of the So-Called “House of the Tragic Poet” in Pompeii

馆藏：罗马文明博物馆
时代：公元 1936 年
尺寸：长 186 厘米，宽 53 厘米，高 45.5 厘米；
长 186 厘米，宽 69 厘米，高 45 厘米

这是仿照古罗马帝国“庞贝悲剧诗人之家”而制作的一组建筑模型。原建筑建造于公元 63 至 79 年，一直以来被视为反映庞贝家庭生活的重要考古学材料。最早的研究者以壁画的内容是一位诗人在吟诵一出悲剧，而给这套宅子命名为“悲剧诗人之家”。这套住宅“小而全”，虽然面积不大，但它拥有罗马住宅的基本特征，而且室内壁画精美，是我们认识古罗马住宅构造的绝佳范例。房子门口还有一幅著名的马赛克画作“CAVE CANEM(小心恶犬)”，似乎在表明家与社会的边界。

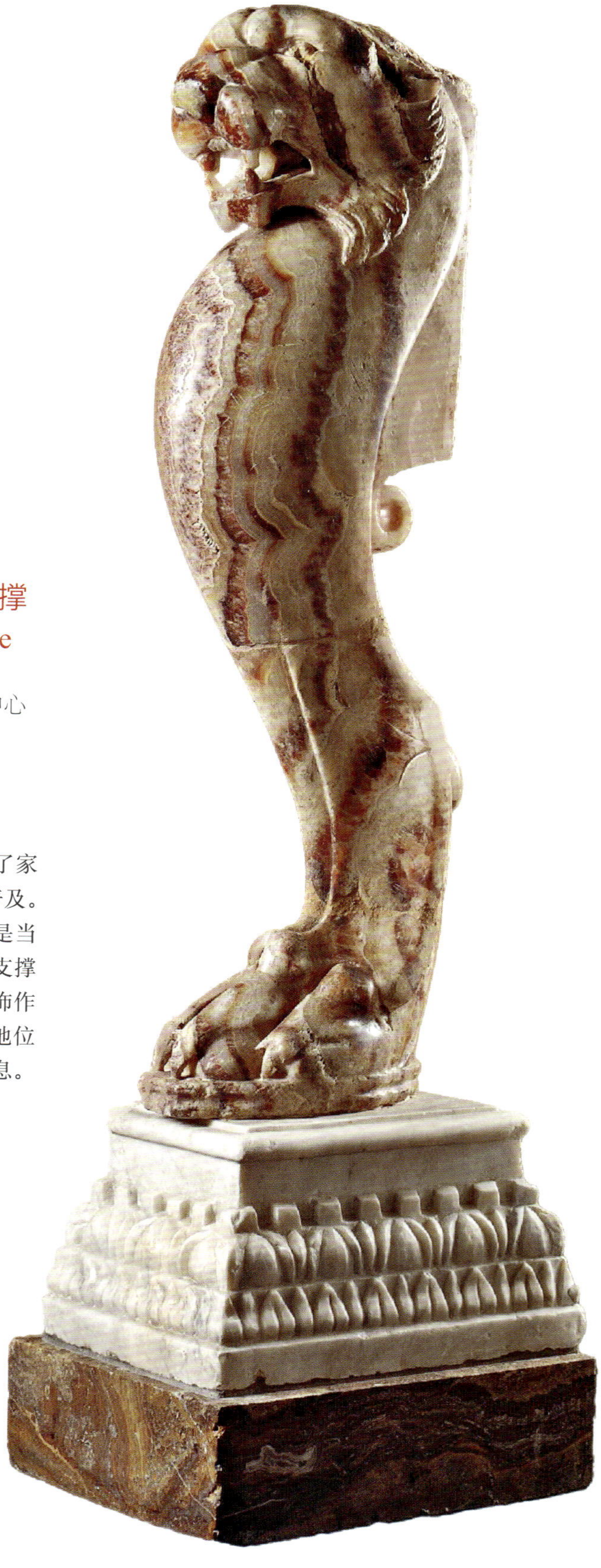

带有豹首装饰的雪花石膏家具支撑

Alabaster Leopard-shaped Furniture

馆藏：卡比托利欧博物馆—蒙特马尔蒂尼中心
时代：公元 2 世纪晚期
尺寸：宽 20 厘米，厚 25 厘米，高 90 厘米

罗马帝国时期，经济文化高度发展，推动了家具文化艺术在贵族及市民阶层中的传播与普及。古罗马的家具装饰具有坚厚凝重的特征，是当时罗马帝国强盛的一种体现。这件家具的支撑材质为雪花石膏，造型简约时尚，豹首装饰作为象征权力和尊贵的符号，展示了主人的地位和财富，传递出主人的威严和不可侵犯的信息。

陶楼

Pottery House

馆藏：湖南博物院
时代：东汉（公元 25—220 年）
尺寸：长 28 厘米，宽 28.5 厘米，高 47 厘米

不同于古罗马建筑常用的拱顶和梁柱结合的建造体系，汉代建筑采用如搭积木般进行严格有序组合的“模块化”建造方式。如这座东汉时期的陶楼，楼上部分已经缺失，屋顶为四阿式、覆瓦，底层前面有用围墙围起来的院子，第二层楼窗为横棂，以利空气流通，简单明了，朴素清新。在住宅之外，汉代人还注重院内园林景观设计，修建亭台水榭，追求曲水流觞的生活乐趣。

鎏金铜铺首

Golden-Gilt Door Knocker

馆藏：北京考古遗址博物馆
时代：西汉（公元前 206—25 年）
尺寸：长 23.3 厘米，宽 18.9 厘米，厚 0.93 厘米

铺首又称门铺，是古代建筑物中门的装饰构件，主要作用是用来启闭门扉或叩门。铺首的形制多样，或做成怪兽面，像椒图、饕餮、虎、狮、螭龙、龟蛇等凶猛兽类，取其看守门户、镇守妖邪之意。这件鎏金铜铺首出自广阳顷王刘建墓，器形硕大，雄浑壮丽，彰显王家的权力与气势。

①②③④⑤⑥⑦

这组灯具均为青铜质地，造型多样，有悬挂式，有立地式，以适应不同生活场景的需要。青铜灯具在古罗马时期被广泛使用，且设计精巧，常常装饰有丰富的动植物图案，比如狮子、狗、猫的头像及花卉、几何图形、神话场景等浮雕，体现了古罗马艺术家对细节的精致处理和对自然主义表现手法的喜爱。

① 半螺旋形铜油灯
Oil Lamp with Half Volutes

馆藏：卡比托利欧博物馆
时代：公元 1 世纪晚期—2 世纪
尺寸：长 26.5 厘米，宽 12.5 厘米，高 17.5 厘米

② 带有天鹅装饰的双口梨形油灯
Oil Lamp with Two Opposing Spouts and Two Swan-Head Appliqués

馆藏：卡比托利欧博物馆
时代：公元 1 世纪
尺寸：长 31 厘米，宽 12 厘米，高 10.5 厘米

③ 双螺旋形双口铜油灯

Oil Lamp with Two Spouts, with Double Volutes

馆藏：卡比托利欧博物馆

时代：公元 3—4 世纪

尺寸：长 13.5 厘米，宽 13.5 厘米，高 4.5 厘米

④ 单口油灯
Single-Spout Oil Lamp

馆藏：卡比托利欧博物馆
时代：罗马帝国时期
尺寸：长 13.5 厘米，宽 6.5 厘米，高 5 厘米

⑤ 带有喜剧面具图案的铜油灯

Oil Lamp Depicting a Half-Mask of a Comedy Actor

馆藏：卡比托利欧博物馆

时代：公元 1 世纪

尺寸：长 8.5 厘米，宽 6 厘米，高 3 厘米

⑥ 带有植物图案的铜灯台

Phytomorphic Candelabrum with Tripod Base

馆藏：卡比托利欧博物馆

时代：公元 1 世纪早期

尺寸：高 113.5 厘米

⑦ 狮爪形铜灯台

Candelabrum with Lion's Paws-Shaped

馆藏：卡比托利欧博物馆

时代：公元 2—3 世纪

尺寸：高 56 厘米

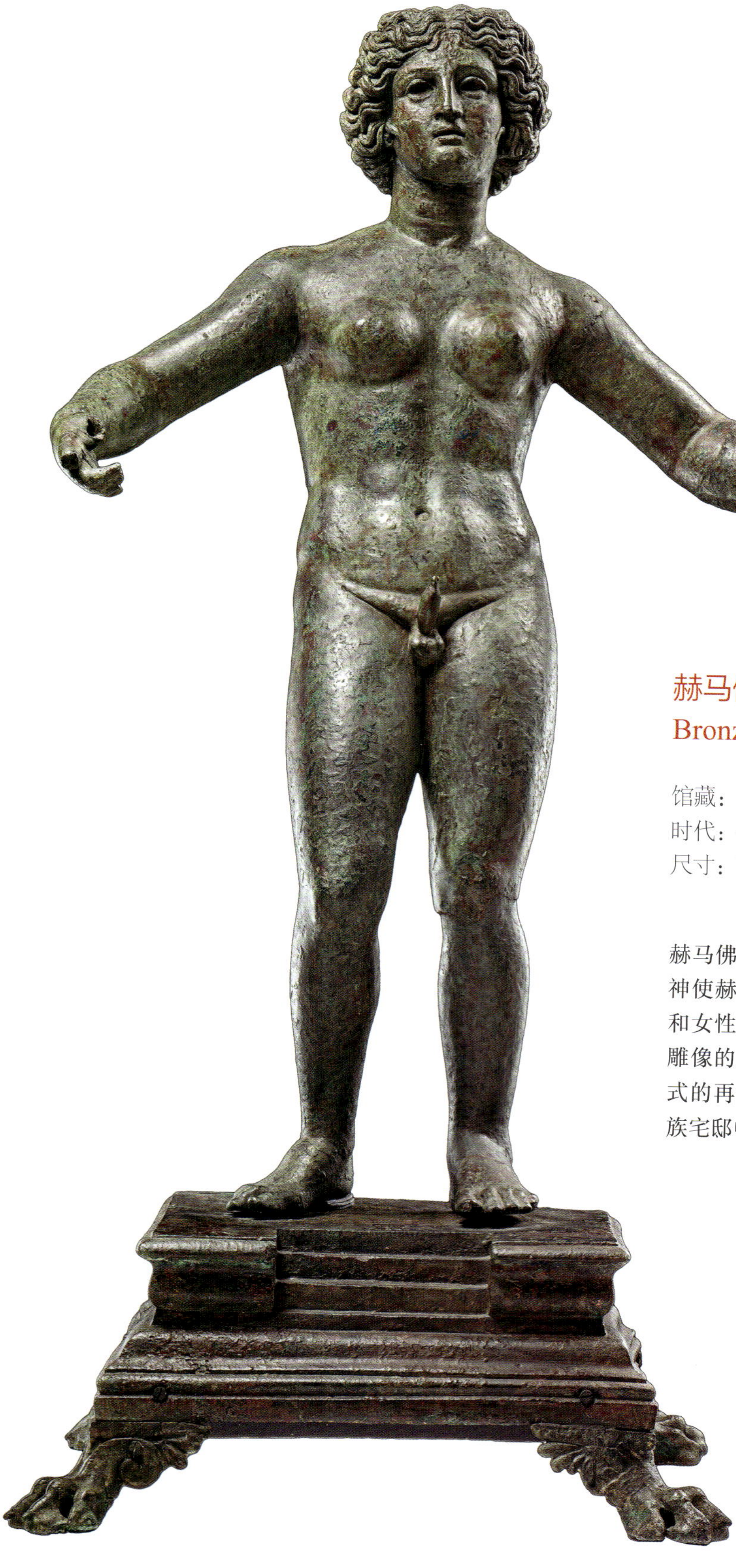

赫马佛洛狄忒斯铜像
Bronze Statuette of Hermaphrodite

馆藏：卡比托利欧博物馆
时代：公元1世纪早期
尺寸：高84厘米

赫马佛洛狄忒斯是希腊神话中的一位阴阳神，是神使赫尔墨斯与爱神阿佛洛狄忒之子，拥有男性和女性的双重特征，常以少女的形象出现。这座雕像的尺寸小于真人形象，是对希腊晚期雕像范式的再创作。它最初应用于支撑某种托盘，是贵族宅邸中装饰宴会陈设的典型雕像。

豆形铜灯

Bronze Lamp in the Shape of Dou Vessel

馆藏：河北博物院
时代：西汉（公元前 206—25 年）
尺寸：盘径 12.3 厘米，高 18 厘米

灯盘敞口，直壁，平底，喇叭口形圈足，细座把，座把中部作倒葫芦形隆起。盘和座把分铸，盘底下有柱插入把腔内，用铜钉铆合。盘壁有铭文 22 字，记载器物的高度和重量，为研究西汉度量衡制度增添了新资料。这件古朴端正的铜灯，是工匠模仿生活器具制作而成，为主人的居家生活增添了不少意趣。

“刺庙”牛形铜灯

Bronze Ox-Shaped Lamp

馆藏：湖南博物院
时代：西汉（公元前206—25年）
尺寸：高50厘米，长40厘米

这件牛形铜灯，牛角中空，上与一带喇叭状罩的圆管扣合，牛腹中空。灯内可盛水，烟由罩口进入圆管，再由牛角处进入盛水的腹中，足见古人保护环境的巧思。灯罩既可挡风，也可调整灯光的照射角度。牛腹右侧有铭文“刺庙牛镫四，礼乐长监治”，说明此灯为主管礼乐的长官为长沙王宗庙监造。这件牛形铜灯简朴、实用且艺术感强。其设计合理的构造，工艺精良的铸造，美观大方的造型，科学合理的环保理念，可谓“奇像妙工，取光藏烟”。

第五组

绿蚁新醅酒 红泥小火炉

雪沫乳花浮午盏，蓼茸蒿笋试春盘。惬意的生活怎能缺少美食为伴。

女性于居家生活中，尤为注重通过丰富多元且工艺精湛的饮食器具，来营造雅致而富有格调的用餐氛围。尽管相隔万里，古罗马帝国与汉王朝的女性们在挑选日常饮食用具时，却不约而同地展现出对器具种类、形态及材质的极高审美追求。无论杯、盘、壶、匙、罐，还是各类独特功能的容器，皆琳琅满目，一应俱全。

古罗马时期的饮食器具造型简约，更接近现代样式。汉代的饮食器具则具有典型的时代特征，耳杯、染器、奁、钫、锺、壶等都各具汉代特色，也有铜、陶、漆等不同质地，体现了汉代饮食器具的多样化与生活化。

单柄玻璃瓶

Cylindrical bottle with Ribbon Handle

馆藏：卡比托利欧博物馆
时代：公元 1—2 世纪
尺寸：高 22 厘米

罗马帝国时期吹制玻璃技术得到极大发展，使得玻璃种类多样，价格低廉，玻璃制品被摆上了寻常人家的餐桌，极大地丰富了人们的日常生活。这件单柄玻璃瓶吹制成型，长颈，鼓腹，可作为盛酒、盛水之用。瓶口形似漏斗，既便于倾倒，又易于储藏。口颈部一侧有手柄，便于取用，设计巧妙，展现了古罗马人的智慧与巧思。

①②③④⑤⑥⑦

除玻璃器之外，陶器也是古罗马人日常生活中不可或缺的一部分。罗马帝国的繁荣和稳定促进了人们对陶器的大规模需求，陶器被广泛应用于饮食、厨房、卫生、建筑等领域。这组陶器种类多样，有薄壁陶杯、罐，有朱红色的罗马赤陶盘、碗等。其中罗马赤陶的朱红色陶衣含有氧化铁成分，烧结程度高，完全不透水，经久耐用，广泛流行于帝国疆域之内，成为点缀女性居家生活的一抹红。

① 薄壁陶杯

Thin-Walled Pottery Cup

馆藏：卡比托利欧博物馆
时代：公元 1 世纪早期
尺寸：直径 7.8 厘米，高 10.8 厘米

② 薄壁杯
Thin-Walled Jug

馆藏：卡比托利欧博物馆
时代：公元前 1 世纪晚期—1 世纪早期
尺寸：最大直径 10.5 厘米，高 10.5 厘米

③ 薄壁杯

Thin-Walled Jug

馆藏：卡比托利欧博物馆
时代：公元前 1 世纪晚期—1 世纪早期
尺寸：最大直径 7.4 厘米，高 11 厘米

④ 薄壁陶杯

Thin-Walled Pottery Cup

馆藏：卡比托利欧博物馆
时代：公元前 1 世纪晚期—1 世纪早期
尺寸：直径 16.2 厘米，高 12.5 厘米

⑤ 红陶罐

Terra Sigillata Jug

馆藏：卡比托利欧博物馆
时代：公元 1 世纪晚期—2 世纪早期
尺寸：直径 6.5 厘米，高 9.7 厘米

⑥ 红陶盘

Terra Sigillata Dish

馆藏：卡比托利欧博物馆
时代：公元 5 世纪晚期
尺寸：直径 35 厘米，高 3 厘米

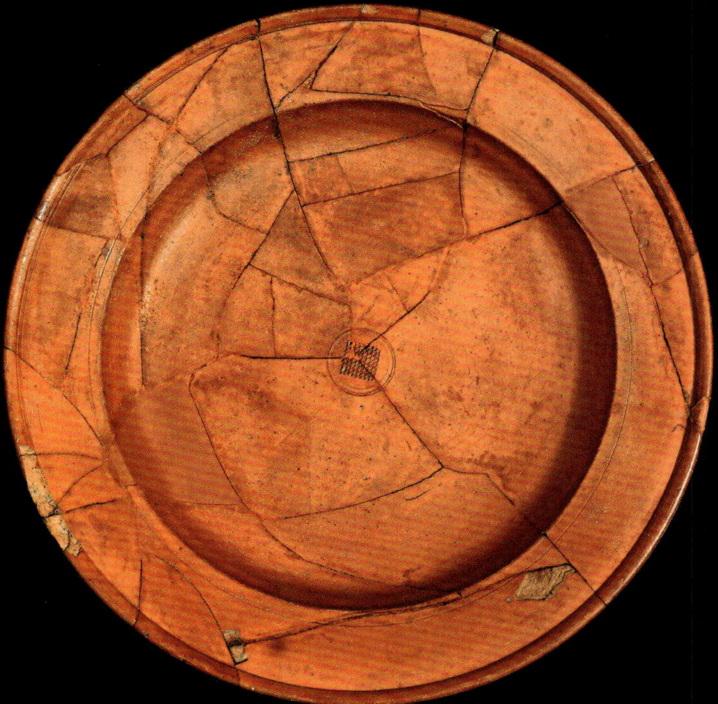

⑦ 红陶盘

Terra Sigillata Dish

馆藏：卡比托利欧博物馆
时代：公元 5 世纪晚期
尺寸：直径 43 厘米，高 5.5 厘米

① 汤匙（水滴形勺头）
Spoon with Drop-Shaped Bowl

馆藏：卡比托利欧博物馆
时代：公元 3—4 世纪
尺寸：长 10 厘米

② 汤匙（小提琴形勺头）
Spoon with Violin-Shaped Bowl

馆藏：卡比托利欧博物馆
时代：公元 3—4 世纪
尺寸：长 8 厘米

①②

汤匙的历史源远流长，旧石器时代的亚洲就出现过汤匙。在古罗马人的饮食中汤匙也是不可缺少的用具，古罗马贵族多使用铜、银制成的汤匙。这两件罗马帝国晚期的青铜质地汤匙，与现代使用的汤匙造型非常相似，其中一件勺头为水滴形，一件为小提琴形，造型考究，制作精良，丰富了古罗马人的饮食生活。

青铜擦菜器
Bronze Grater

馆藏：卡比托利欧博物馆
时代：公元 1—4 世纪
尺寸：长 14.8 厘米，高 9.5 厘米

此件擦菜器与现代擦菜器形制基本相似，使用原理也基本一致，呈长方形，上部开有密集的小孔，便于烹饪前处理食材。擦菜器的出现生动反映了古罗马人在日常饮食生活中的灵巧，可以窥见以女性为代表的古罗马家务从事者的劳动智慧。

①②

这两件青铜平底锅分为圆形和近方形两种器型，与现代平底锅的形制基本相似。最早有历史记载的平底锅可以追溯至公元前 5 世纪至前 4 世纪的美索不达米亚文明，并在古希腊和古罗马时期逐渐成为西方主要的烹调厨具。由于冶炼技术和金属锻造工艺的不发达，最初的平底锅选用易获取且导热快的铜作为锻造金属，后随着金属冶炼技术的进步，铸铁平底锅开始出现。

① 平底铜锅
Bronze Pan

馆藏：卡比托利欧博物馆
时代：公元 1—4 世纪
尺寸：长 26.3 厘米，边缘直径 11.5 厘米，高 5.3 厘米

② 平底铜锅
Bronze Pan

馆藏：卡比托利欧博物馆
时代：公元 1—4 世纪
尺寸：长 57 厘米，宽 23 厘米，高 5 厘米

①②③

这三件青铜质地的饮食器具造型简约，以实用功能为主。青铜盘作为盛食器使用；青铜壶、瓶主要作为酒器或水器使用，其颈部附有单柄或双柄，便于取用，古罗马酒具常见此类设计。青铜饮食器具是古罗马金属工艺水平的重要体现，是古罗马人居家环境中的审美元素，也是彰显古罗马饮食文化的重要标志。

① 青铜盘

Bronze Dish

馆藏：卡比托利欧博物馆

时代：公元1—4世纪

尺寸：直径24厘米，高4厘米

② 单柄青铜壶
Jug with Vertical Handle

馆藏：卡比托利欧博物馆
时代：公元 3—4 世纪
尺寸：边缘直径 8.2 厘米，底部直径 5.4 厘米，高 16 厘米

③ 带有垂直把手的青铜双耳瓶
Amphora with Two Vertical Handles

馆藏：卡比托利欧博物馆
时代：公元 3—4 世纪
尺寸：宽 19.5 厘米，边缘直径 10 厘米，高 25 厘米

青铜桶
Situla

馆藏：卡比托利欧博物馆
时代：公元 1—4 世纪
尺寸：直径 22.5 厘米，边缘直径 22 厘米

这种形制的桶又称“西图拉”，它是特指图案丰富、富有纹饰的金属或陶质桶状容器，是一种截顶锥形容器，通常用来装水、牛奶或酒等液体。这件西图拉青铜桶由青铜薄板制成，造型简约，其上带有把手，以方便使用。

①②

这两件青铜器是罗马帝国时期的烹饪器具。带支架的青铜盆以简单便携为特点，能够满足基本的烹饪需求，其中一根支架杆上附有铜匠“PRIMIGEN”的签名印章，与我国器物铭文上制作者标记类似。便携式火盆装饰则更为精致，上方两侧饰有棕叶图案，下方饰有戏剧面具和狮子咬公牛的场景。长方形火盆造型稳重，形制更大，能开展多样化的烹饪工作，丰富了女性居家生活的意趣与品质。

① 带支架的铜盆
Bowl on Folding Tripod

馆藏：卡比托利欧博物馆
时代：公元1—2世纪
尺寸：宽15.5厘米，高73.5厘米

② 便携式铜火盆（复制品）
Iron Reconstruction of Portable brazier

馆藏：罗马文明博物馆
时代：原物为公元 1 世纪
尺寸：宽 46 厘米，厚 58 厘米，高 27.5 厘米

铜灶

Bronze Stove

馆藏：湖南博物院
时代：西汉（公元前 206—25 年）
尺寸：通高 29 厘米，甑高 6.5 厘米，釜高 8.2 厘米

灶是由鼎、釜演化而来的炊煮工具。该灶由灶身、灶面、火眼、釜和甑组成。灶体为船首形，前有长方形灶门，后有烟道孔，灶身无纹饰。灶面上有一个火眼，上置一铜釜，釜上置有一甑。汉代对灶非常重视，称其为“生养之本”。西汉中期之后的墓中常以明器陶灶随葬。此灶为青铜质，制作精良，为长沙国某位王后墓出土，彰显了其身份等级的尊贵。

“渔阳”王后漆盘

Lacquered Tray with Inscriptions of the Name of Empress

馆藏：长沙市文物考古研究所
时代：西汉（公元前 206—25 年）
尺寸：直径 28 厘米

盘的用途多样，在饮食生活中多用于盛食。这件漆盘出土于望城坡长沙国渔阳王后墓，底部刻有“渔阳”二字铭文，造型简约、实用美观，与马王堆汉墓出土漆盘基本类似，为西汉时期常用的盛食器具。中国是世界上最早发现天然漆并加以利用的国家，漆工艺的发展在西汉时期步入黄金时代，尤其是实用漆器种类与数量剧增，占据西汉社会生活的重要位置，常见于西汉饮食生活器具中。

铜染器

Bronze Hot Pot

馆藏：湖南博物院
时代：西汉（公元前 206—25 年）
尺寸：整器高 16.4 厘米，底盘 19 厘米 ×13.6 厘米，耳杯口径 18 厘米 ×15.8 厘米

铜染器是汉代贵族宴饮中的一种常用的雅致食具。一人一案一炉，分餐而食。古代称调味品为染，常以酱、盐等佐料为肉食品调味，将染置于架在炉上的杯中合称染器。这件铜染器由耳杯、长方形炉和长方形底盘三部分组成，耳杯中盛酱、盐等佐料，以染炉加热调味，反映了汉代贵族一人一案的饮食方式。

铜奁、铜勺

Bronze Lian Box and Spoon

馆藏：湖南博物院

时代：东汉（公元 25—220 年）

尺寸：铜樽口径 18.9 厘米，高 16.5 厘米

汉代，新兴酒器繁荣，包括盛酒和饮酒器具。铜奁，筒状三熊足，用以盛酒和温酒，容量较大，又称“酒樽”，常用于大型宾客宴饮场合。这组铜器正是汉代贵族歌舞宴乐、钟鸣鼎食富贵生活的缩影。

①②

这两件青铜酒器于西汉中山靖王刘胜墓出土，体形硕大，铸造考究，具有典型的汉代风格，为专门盛酒之用。除此之外，中山靖王刘胜墓中还有从千里之外的洛阳购买的铜锠、造型别致的熊足“高压锅”，以及为了方便外出旅行需要而设计的铜链子壶，可谓形制多样，功能齐备，凝结了工匠们的诸般巧思，更是中山王府尊贵地位的体现。

① 铜钫

Fang Wine Vessel

馆藏：河北博物院

时代：西汉（公元前 206—25 年）

尺寸：方口边长 11 厘米，高 36 厘米

② 铜锺

Zhong Wine Vessel

馆藏：河北博物院

时代：西汉（公元前 206—25 年）

尺寸：口径 18 厘米，圈足径 19.5 厘米，高 45.3 厘米

鹦鹉陶杯

Parrot-Shaped Pottery Cup

馆藏：湖南博物院
时代：东汉（公元 25—220 年）
尺寸：长 11 厘米，直径 6.8 厘米，加耳宽 10 厘米，高 9.7 厘米

汉代的饮酒器具包括卮、杯、盏等，质地繁多，其中尤以漆器数量居多，铜、陶、瓷、玉等其他质地的也有出土。这件鹦鹉形杯属于陶质耳杯的一种，造型别致，鹦鹉回首，栩栩如生，用以盛酒或直饮，唐诗有云“汉代金吾千骑来，翡翠屠苏鹦鹉杯”，说的或许就是它吧。

第六组

南国有佳人 轻盈绿腰舞

舞低杨柳楼心月，歌尽桃花扇底风。

在茶余饭后，女性们欢聚一堂，游乐嬉戏，歌舞娱情，言笑晏晏。古罗马女性会身着华服，出席热闹非凡的舞会；或是相约看戏剧；或是在公共浴场温泉水汽的氤氲中，享受片刻宁静。汉代女性的娱乐活动更是异彩纷呈，宴席之上，行酒令此起彼伏，智慧与机敏在觥筹交错间流转，为宴饮增添无尽雅趣；六博棋盘上，黑白子交错布局，智谋与策略碰撞，展示着女性的运筹帷幄；更有俳优献艺，乐舞翩跹，引人入胜，将艺术的魅力与欢乐的气息播撒在每一个角落。在欢愉的氛围中，女性卸下生活中的疲惫，回归最真实的快乐。

舞者浮雕（复制品）

Relief with a Dancing Maiden.Plaster Cast

馆藏：罗马文明博物馆
时代：原物为罗马帝国时期
尺寸：宽 49 厘米，厚 9 厘米，高 119 厘米

罗马帝国时期，宴会文化在人们的日常生活中扮演着重要的角色，宴会不仅是一种社交活动，也是展示财富、地位和权力的机会。宴会期间，音乐表演、舞蹈和演讲等都可以为宴会增添娱乐和享受的氛围。这件雕塑作品中的舞者可能为酒神女祭司梅纳德斯，她在微醺的状态下，手持铙钹，忘情地舞蹈，沉醉在宴饮欢愉之中。

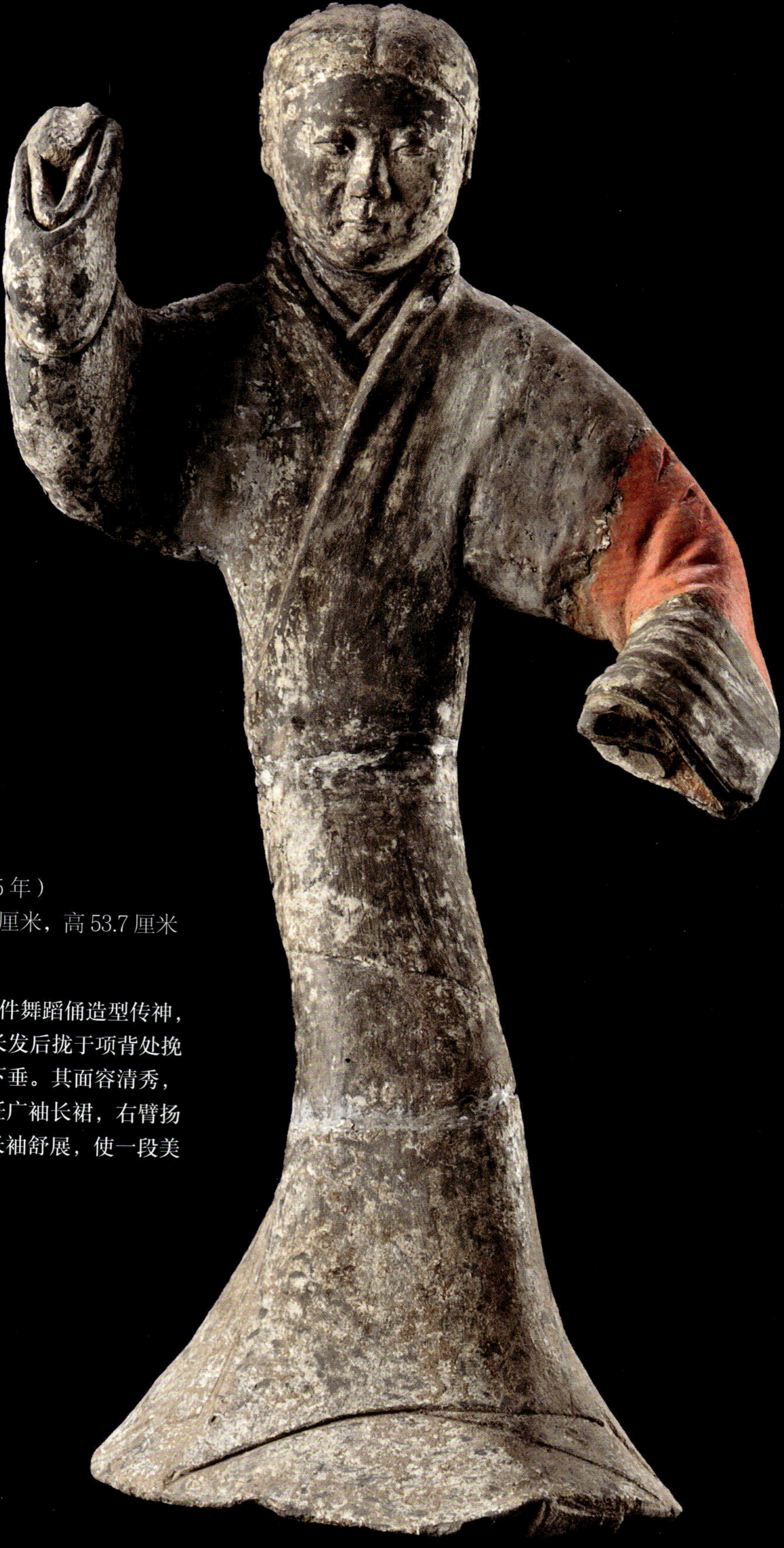

舞蹈陶俑

Painted Pottery Dancer

馆藏：汉景帝阳陵博物院
时代：西汉（公元前206—25年）
尺寸：宽27.2厘米，厚15.9厘米，高53.7厘米

舞蹈俑是具象化的玉舞人，这件舞蹈俑造型传神，刻画细腻，发式前额中分，长发后拢于项背处挽成垂髻，髻下分出一缕青丝下垂。其面容清秀，内穿交领长袖舞衣，外罩右衽广袖长裙，右臂扬起似甩袖于肩，左臂微垂似长袖舒展，使一段美妙的舞蹈凝固在一个瞬间。

① 玉舞人

Jade Dancer

馆藏：北京考古遗址博物馆

时代：西汉（公元前 206—25 年）

尺寸：宽 2.68 厘米，厚 0.42 厘米，高 5.12 厘米

② 玉舞人

Jade Dancer

馆藏：南越王博物院

时代：西汉（公元前 206—25 年）

尺寸：宽 2 厘米，高 3.2 厘米

①②

汉代沿袭了先秦时期“以乐侑食”的传统，上到王公贵族，下到普通百姓，在宴会时都会有乐舞表演，特别是富贵之家，拥有专门的乐舞人员。这两件玉舞人是汉代最具时代特征和艺术特色的玉佩饰，在贵族妇女的佩饰中极为流行。在造型方面，玉舞人长裙曳地，长袖舞过头顶，甩向身侧，可谓灵动飘逸、栩栩如生，以一种特殊的艺术形式再现了翘袖折腰，是汉代“翘袖折腰玉舞人”最生动的写照。

① 宴饮叙谈画像砖
Brick Relief with a Scene of Banquet

馆藏：成都博物馆
时代：东汉（公元 25—220 年）
尺寸：长 48.3 厘米，宽 39.5 厘米，厚 6 厘米

② 杂技盘舞画像砖
Brick Relief with a Scene of an Acrobatic Performance

馆藏：成都博物馆
时代：东汉（公元 25—220 年）
尺寸：长 45.5 厘米，宽 24.8 厘米，厚 6 厘米

①②

这两件东汉画像砖，分别塑有宴饮叙谈、杂技盘舞的宴乐场景。汉代国家强盛，社会安定，百姓的娱乐活动丰富多彩，每逢节日庆典、岁时节气、聚会宴飨，均有乐舞百戏助兴。这两件画像砖生动再现了墓主生前社会生活景况，映射出汉代休闲娱乐文化的兴盛与百姓幸福安乐的情状。

①②③④⑤

这是一组六博类的文物，有仙人六博画像砖、博局纹铜镜、六博棋子。“六博”又称“陆博”“博戏”，是秦汉时期十分流行的一种棋类游戏，主要以投掷六根“博”来决定步数，在特定的博局（棋盘）上行棋争胜。汉代女性也非常热衷于六博之戏，以丰富日常娱乐和社交生活。这组六博棋子制作精整，雕刻精美纹饰，是汉代贵族富贵奢华生活的真实写照。

① 仙人六博画像砖

Brick Relief Depicting the Faries Playing Liubo Board Game

馆藏：成都博物馆
时代：东汉（公元 25—220 年）
尺寸：长 44.2 厘米，宽 25 厘米，厚 6 厘米

② 鎏金博局纹铜镜

Golden-Gilt Mirror with Boju Chessboard Design

馆藏：湖南博物院
时代：东汉（公元 25—220 年）
尺寸：直径 13.8 厘米

③ 象牙六博棋子

Liubo Chess Pieces

馆藏：北京考古遗址博物馆

时代：西汉（公元前 206—25 年）

尺寸：长 2.95—3.12 厘米，宽 1.55—1.7 厘米，厚 1.25—1.34 厘米

④ 青玉六博棋子

Jade Liubo Chess Pieces

馆藏：南越王博物院
时代：西汉（公元前 206—25 年）
尺寸：长 3.3 厘米，宽 2 厘米，厚 1.3 厘米

⑤ 水晶六博棋子

Crystal Liubo Chess Pieces

馆藏：南越王博物院
时代：西汉（公元前 206—25 年）
尺寸：长 3.3 厘米，宽 2 厘米，厚 1.3 厘米

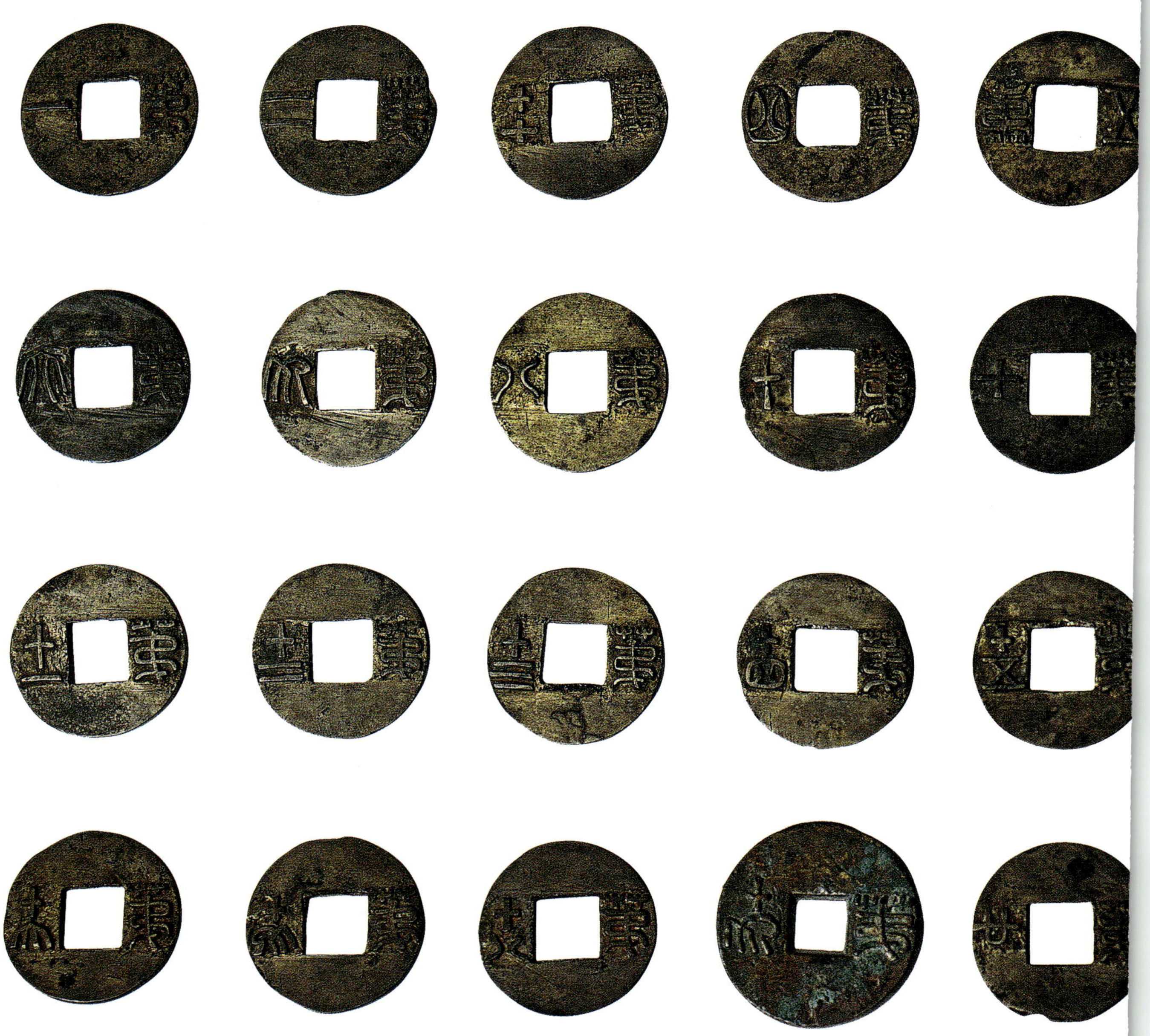

宫中行乐铜钱
Bronze Coins for Entertainment

馆藏：河北博物院
时代：西汉（公元前 206—25 年）
尺寸：直径 3.3—3.7 厘米

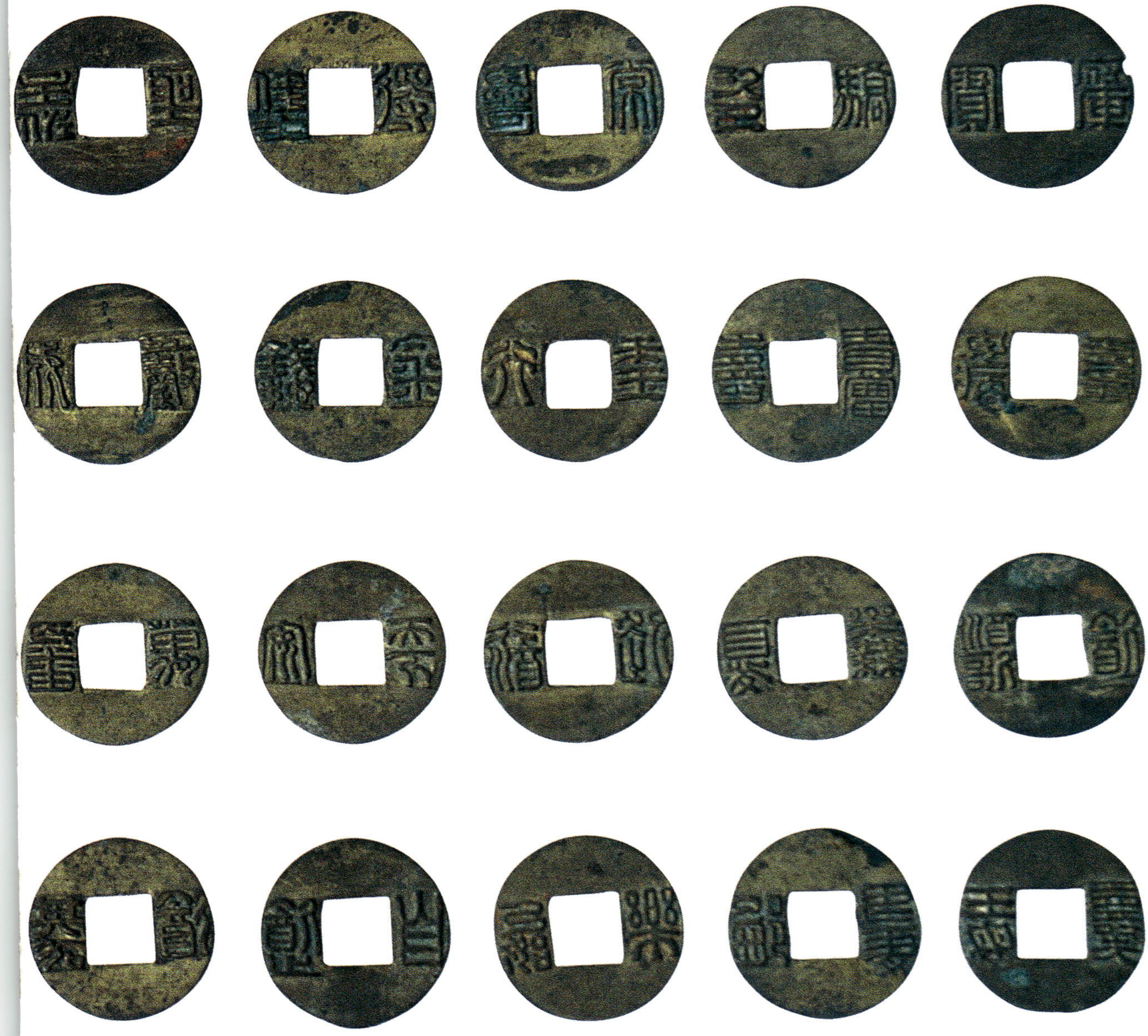

酒令是汉代重要的风俗之一，是人们在酒席宴饮时的一种助兴游戏，行令方法主要有掷骰、抽签、划拳、猜数等，因容易烘托出酒宴中热闹氛围而广受喜爱。这组中山靖王王后窦绾墓出土的宫中行乐铜钱正是汉代酒令文化的代表，我们可以想象，汉代贵妇们在觥筹交错之间掷骰赏钱、游戏，宛若后世白居易诗中所言“花时同醉破春愁，醉折花枝作酒筹”般欢乐。

① 骨质娃娃

Bone Dolls

馆藏：卡比托利欧博物馆

时代：公元 2—4 世纪

尺寸：宽 2.5 厘米，高 11 厘米

② 骨质娃娃

Bone Dolls

馆藏：卡比托利欧博物馆

时代：公元 2—4 世纪

尺寸：宽 1.8 厘米，高 5.8 厘米

①②

这类娃娃尺寸偏小，通高约 5—11 厘米，肩膀、臀部甚至肘部和膝盖都有活动关节，堪称古罗马的“芭比”，是卡比托利欧博物馆最具特色的藏品之一。娃娃通常被埋葬在女孩身边，并置于木制和象牙制的娃娃盒中。这些娃娃一方面反映出当时女孩的生存境况，一方面折射出在夭折率极高的古罗马社会中，母亲对于养育孩子的付出与期待。

蹲坐的女童雕像（复制品）

Statue of a Seated Girl. Plaster Cast.

馆藏：罗马文明博物馆

时代：原物为罗马帝国时期

尺寸：宽 44 厘米，厚 55 厘米，高 51 厘米

这件女童雕像是 1935 年依据罗马帝国时期的原件复制而成。女童形象逼真，双腿盘坐于地上，正在专注地玩耍着。在家庭中，照顾与养育孩子也是女性的主要活动之一，孩童嬉闹玩乐的场景也是家庭幸福和乐的重要表现。

第二单元 巾帼风韵

Unit Two: POWER

强盛的帝国、繁荣的经济、多元的文化，罗马与汉代女性得以在更广阔天地展翅翱翔。她们不再囿于家庭琐事，而是积极投身社会生产与生活，展现着别样的风采。

贵族女性们，以智慧为剑，以优雅为盾，跻身政治领域，以女性的勇敢与执着，拨动历史的转盘，书写着历史的华章；平民女性们，则以勤劳的双手，在生活的田野上播撒希望，在织机的一经一纬间随着丝路走向经天纬地，于医学、手工业、商业、文学与艺术等多个领域定格永恒的女性身影。

Strong empires, booming economies, and diverse cultures enabled women of the Roman Empire and the Han Dynasty to spread their wings in a vast new world.They moved beyond domestic tasks, actively participating in social production and life, showcasing their distinct talent.

Noblewomen used wisdom as their sword and elegance as their shield, making significant marks in the political realm. With their finesse and empathy, they influenced the course of history and wrote significant chapters in their story. Meanwhile, common women, with diligent hands, sowed hope across the fields of everyday life. Along the Silk Road, each thread on their looms spanned the globe, marking women's presence in fields like medicine, handicrafts, commerce, literature, and art.

第一组

休言女子非英物 夜夜龙泉壁上鸣

古代虽言“男主外，女主内”，然女性之光并未因此黯淡。她们在社会生活中扮演着多元且重要的角色，其贡献不容小觑。尤其是贵族女性，她们不仅是家族之瑰宝，也是政治之舵手。凭借智慧与远见，在幕后默默影响着政治的风云变幻。

出土之印章、印信犹如历史之镜，映照出贵族女性的崇高地位与权力。她们德才兼备，忧国忧民，在家庭与社会之间，展现出女性的独特魅力与力量。在历史的长河中闪耀着夺目光辉。

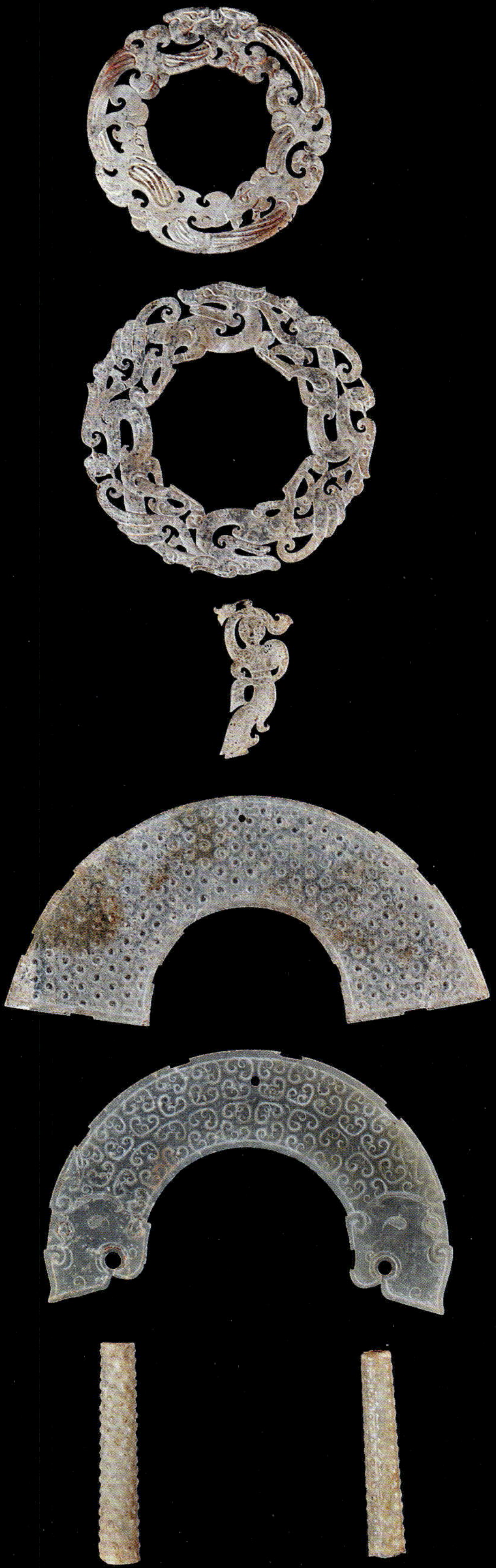

南越王赵眛右夫人组玉佩

Jade Pendant

馆藏：南越王博物院
时代：西汉（公元前 206—25 年）
尺寸：通长约 60cm

这套玉佩由双环、玉舞人、双璜、双管共 7 件组成，是彰显南越王赵眛右夫人身份和地位的重要礼器用玉。组玉佩兴盛于周代，后逐渐成为象征权贵身份的标志。战国秦汉时期，组玉佩多系于腰间，垂于腹下，戴上长长的组玉佩不便疾行，故有“改步改玉”的节步功能。远离中原控制的南越国贵族女性，在审美情趣上并不是亦步亦趋地追随中原汉王朝，她们所佩戴的组玉佩仍保持了战国时期组玉佩的特点，以追求繁复的设计和华丽的装饰效果为主流。这既包含了南越工匠个人审美的标榜、个性的张扬，同时也反映了南越国贵族女性在审美上的地域性特点。

“曹嫚”玛瑙印

Agate Seal Inscribed with *Cao Zhuan*

馆藏：长沙博物馆
时代：西汉（公元前 206—25 年）
尺寸：边长 1.85 厘米，高 1.2 厘米

曹嫚为西汉某位长沙王的王后，她的这件私印用料考究，制作极其精美，堪称汉印之冠。女性私印的出现，也证明了至少在贵族阶层当中，女性有着较为丰富的社会活动，所以才需要刻制私印，以满足不同场合的需要。由此推测，汉代女性的社会地位相较以往为高。

双面三凤蒲纹玉璧

Jade Bi Dise with Phoenix and Hexagonal Net Design

馆藏：长沙博物馆
时代：西汉（公元前 206—25 年）
尺寸：外径 14.4 厘米，内径 2.2 厘米，厚 0.3 厘米

这件玉璧器形硕大，局部受沁呈黑色，纹饰精美，双面雕刻，内为蒲纹，外饰凤纹，尽显灵动飘逸之感。这件玉璧是专门为曹嫚陪葬而特制的敛葬用玉器，是彰显墓主人身份与地位的重要标志。汉代人认为，以玉敛葬，可保尸身不腐，使复活成为可能，因此，葬玉之风在贵族阶层风靡一时，并已渐渐演变为一套包括玉衣、玉握、玉九窍塞、玉璧等葬玉的完整形式。

“窦绾”铜印
Bronze Seal *Dou Wan*

馆藏：河北博物院
时代：西汉（公元前206—公元25年）
尺寸：边长2厘米，高0.8厘米

这枚穿带印方形，双面，一面作篆体“窦绾”，一面作篆体“窦君须”，文字清晰秀丽，应当为印主的姓名和字。印主窦绾为中山靖王刘胜之妻，这枚穿带印是窦绾的私印，是她参与社会活动时所使用的签章，更是她中山王后身份和地位的象征。

金饼

Cake-Shaped Gold Pieces

馆藏：河北博物院
时代：西汉（公元前 206—25 年）
重量：重约 12—18 克

据典籍记载，黄金以镒为名，为上币，是彰显身份地位的重要货币。到了汉代，金饼成为当时主流的黄金货币形制，铸造规则，呈圆饼状，也称柿子金，纯度非常高，在汉代王侯墓葬中多有出土，成为财富的象征。

莉薇娅大理石雕像
Marble Statue of Livia

馆藏：卡比托利欧博物馆
时代：公元前 20—前 10 年
尺寸：宽 66 厘米，厚 43 厘米，高 197 厘米。

莉薇娅是第一位罗马皇帝屋大维·奥古斯都的妻子，也就是罗马帝国的首位皇后。尽管罗马传统赋予女性的公共角色有限，莉薇娅却以其智慧、魅力和政治手腕在幕后发挥了重要作用。她是罗马帝国早期最有权力的女性，多次以实际执政者的身份主宰帝国政治，她也是奥古斯都的忠实顾问，成为罗马女性的典范。

奥古斯都金币
Gold Coin with Augustus Portait

馆藏：卡比托利欧博物馆
时代：公元前 1 世纪早期
尺寸：直径 1.97 厘米

钱币正面刻有罗马第一位皇帝屋大维 · 奥古斯都戴桂冠的头像，铭文称其为国父和被神格化的凯撒之子。钱币背面，铭文称屋大维 · 奥古斯都本人为“大祭司”，中央刻有坐着的一位女性（和平女神），她右手拿着垂直的权杖，左手拿着玉米穗。

① 奥古斯都和莉薇娅头像玻璃模具

Glass Mold with Augustus and Livia

馆藏：罗马博物馆

时代：公元1821—1844年

尺寸：宽1.8厘米，高2.2厘米

② 罗马诗人维吉尔在奥古斯都宫廷阅读《 埃涅阿斯纪 》的玻璃模具
Glass Mold with Virgil Reading *the Aeneid* at the Court of Augustus

馆藏：卡比托利欧博物馆
时代：公元 1821—1844 年
尺寸：宽 7.5 厘米，高 6 厘米

①②

这两件 19 世纪的玻璃模具中都有莉薇娅的形象。现代考古发现的古罗马时期文物中多见莉薇娅的身影，足见其在政治实践和社会治理上的突出表现。在男性社会统治的衣袍之下，以贵族出身的莉薇娅为代表的罗马女性积极参与家庭生活之外的政治活动，突破传统女性角色定位，在时代长河中熠熠生辉。

① 《阿庇亚道上的莉薇娅的奴隶和自由民的墓地》蚀刻版画

Printed *Sepulchre of Livia's Freedmen and Servants*

馆藏：罗马博物馆

时代：公元 18 世纪中期

尺寸：长 47 厘米，宽 33 厘米

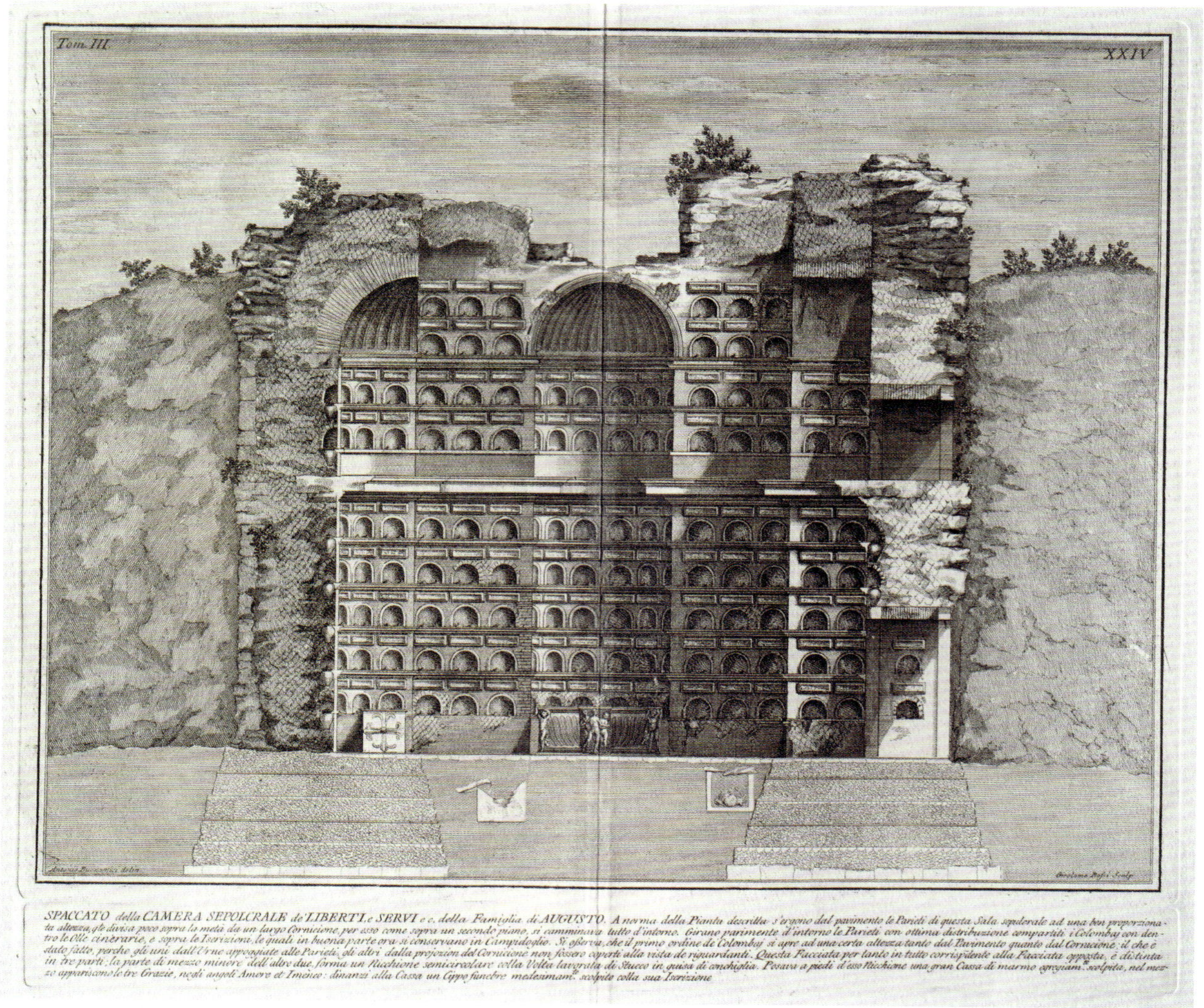

②《奥古斯都家族的奴隶和自由人的墓地》蚀刻版画

Printed *Cutaway View of the Tomb Chamber of the Freedmen and Servants of the Family of Augustus*

馆藏：罗马博物馆

时代：公元 1784 年

尺寸：长 42 厘米，宽 50 厘米

①②

这两幅创作于 18 世纪的版画描绘的是依附于莉薇娅与奥古斯都家族的自由人与奴隶的墓地景象。由于莉薇娅的影响力，与之相关的人都可以获得一定的社会地位，这点从其家族的自由人和奴隶拥有的豪华墓地中可窥一斑。

普洛蒂娜大理石肖像

Marble Portrait of Plotina

馆藏：卡比托利欧博物馆

时代：公元 112—121 年

尺寸：宽 18 厘米，厚 20 厘米，高 55 厘米（头部 38 厘米）

普洛蒂娜是罗马帝国皇帝图拉真的皇后，以其贤德和影响力著称。她出身于南法的一个不太显赫的家庭，但因其智慧和教养而得到图拉真的青睐。作为皇后，普洛蒂娜不仅是皇帝的亲密伴侣，还是女性教育和福利的倡导者。她在皇室内外都推崇节俭和道德的生活方式，对公共福利项目表现出浓厚的兴趣。普洛蒂娜支持哲学家，并且在她的鼓励下，图拉真采取了更为人道和开明的政策。她在图拉真去世后，帮助其继任者哈德良登上帝位。普洛蒂娜以智慧、慈悲和政治手腕为后世所传颂。

尤利亚・多姆娜大理石肖像

Marble Bust of Julia Domna

馆藏：多里亚・潘菲利别墅
时代：公元 2 世纪晚期
尺寸：宽 51 厘米，厚 19.5 厘米，高 71 厘米

尤利亚・多姆纳是塞普蒂米乌斯・塞维鲁皇帝的妻子，即罗马帝国的皇后，并以她的智慧和政治能力而闻名。塞维鲁在位期间，尤利亚更多的是扮演皇帝的顾问，尤其在他远征期间。在她儿子卡拉卡拉和盖塔短暂统治时，她作为皇太后继续扮演重要角色。同时，她的影响力延伸到宗教和哲学领域，这也使她成为了艺术作品的重要题材。

银币

Silver Coin

馆藏：卡比托利欧博物馆
时代：公元 196—211 年
尺寸：直径 1.68 厘米

这枚银币是罗马皇帝塞维鲁在位期间以皇后尤利亚 · 多姆纳名义铸造的，既是对罗马铸币传统的延续，更是对尤利亚皇后身份和地位的尊崇。

铜币
Bronze Coin

馆藏：卡比托利欧博物馆
时代：公元 222—235 年
尺寸：直径 3.07 厘米

这枚铜币是罗马帝国塞维鲁王朝末代皇帝亚历山大·塞维鲁以他的母亲尤利亚·玛麦亚的名义铸造的。硬币正面，是戴皇冠的玛麦亚的半身像。硬币背面，铸有幸运女神费利西塔斯，是罗马神话中象征幸福和繁荣的女神，代表着亚历山大·塞维鲁对他母亲的美好祈愿。

第二组

自言才艺是天真 不服丈夫胜妇人

纵观罗马与汉代，广大普通女性才是女性群像中的主角，她们是家庭的温暖港湾，也是社会与国家运转的坚实支柱。

她们在琐碎家务中展现勤劳，于田间地头播撒希望之种；她们以巧手编织梦想，在手工制品中融入智慧与情感；她们穿梭于市井之间，以敏锐眼光捕捉商机。她们或妙手回春，救死扶伤；或戎装上阵，英勇无畏；或挥毫泼墨，抒发豪情。她们用激昂的情感和无尽的智慧感悟世界，在历史舞台上尽情舞动，留下熠熠生辉的炫彩华章。

尾端带流苏的亚麻披肩
Stole with Long Fringes at the Ends

馆藏：卡比托利欧博物馆
时代：罗马帝国时期
尺寸：长约150厘米，宽约50厘米

考古发现的古罗马时期的纺织物，大多保存不佳，百无一存。这块亚麻披肩被发现于一个骨灰瓮中，保存状况良好。为了满足广泛的社会需求，古罗马的亚麻纺织业十分发达，大量女性参与到纺织工作之中，并起到主导整个帝国纺织业的作用。

①②③④⑤

在古罗马时期，纺织活动是女性主要的家务劳动之一。特别是早期织布机的出现，大大地提高了女性的生产效率，推动了纺织业的发展。该组古罗马时期的织布机配重，巧妙利用重力原理，最大限度地节省人力。古罗马妇女们熟练运用织机进行纺织活动，除了为制作服装提供材料外，羊毛制成品、纺织品还可以作为剩余材料被出售。

① 陶质织布机配重

Loom weight

馆藏：卡比托利欧博物馆
时代：公元前6—前5世纪
尺寸：宽5厘米，厚4.5厘米，高10厘米

② 陶质织布机配重

Loom Weight

馆藏：卡比托利欧博物馆
时代：公元前 5—前 4 世纪
尺寸：宽 5.6 厘米，高 11 厘米

③ 陶质织布机配重

Loom Weight

馆藏：卡比托利欧博物馆
时代：公元前 4 世纪
尺寸：宽 5.6 厘米，高 11 厘米

④ 陶质织布机配重

Loom Weight

馆藏：卡比托利欧博物馆
时代：公元前 4—前 3 世纪
尺寸：宽 7.5 厘米，厚 4.5 厘米，高 10 厘米

⑤ 陶质织布机配重

Loom Weight

馆藏：卡比托利欧博物馆
时代：公元前 4—前 2 世纪
尺寸：宽 6 厘米，厚 3 厘米，高 9 厘米

红陶纺轮（8件）
Red Pottery Spindles

馆藏：卡比托利欧博物馆
时代：公元 1—2 世纪
尺寸：平均直径 2.6 厘米，高 2.3 厘米

纺轮的出现时代较早，最早可追溯至新石器时代，是目前发现最早的纺织工具。在罗马帝国时期的墓葬壁画中，纺轮广泛存在，证明了纺织工作在罗马女性的日常工作中占据非常重要的地位。该组纺轮以古罗马最常用的红陶制成，形状呈凸圆形，中间有孔，古罗马女性们将木柄或骨柄插入孔中就可以进行纺织活动，大大提高了工作效率。

描绘纺织故事的玻璃模具

Glass Mold with Pallas Athena Turning Arachne into a Spider

馆藏：罗马博物馆
时代：公元 1821—1844 年
尺寸：长 3.3 厘米，宽 2.8 厘米

这件玻璃模具描写的故事源自古希腊神话，它讲述了一位自信的年轻女织工阿拉克涅，因自豪地宣称自己的织工技艺超过了雅典娜，而引起了雅典娜的不满，两人因此展开了一场织工比赛。阿拉克涅的作品虽然无懈可击，但她在作品中描绘了众神的丑闻（其中就有《丽达与天鹅》的故事），激怒了雅典娜。雅典娜将她变成了蜘蛛，使她永远在编织。

采桑画像砖

Brick Relief with a Scene of Picking Mulberries

馆藏：成都博物馆
时代：东汉（公元 25—220 年）
尺寸：长 45 厘米，宽 24.7 厘米，厚 6 厘米

在汉代，纺织工作也是女性从事的主要家务劳动之一。女性在采桑、养蚕、缫丝到制成布匹等过程中，都会参与其中，并起到主导性的作用。“罗敷喜蚕桑，采桑城南隅。青丝为笼系，桂枝为笼钩”（《陌上桑》），采桑、养蚕是纺织工作的前提，这块东汉时期的采桑画像砖，所描绘的正是女性采桑时的劳动景象。画像中一女子立于门外，弯腰采桑。

“东织令印”铜印

Bronze Seal Cast with *Dong Zhi Ling Yin*

馆藏：汉景帝阳陵博物院

时代：西汉（公元前 206—25 年）

尺寸：长 1 厘米，宽 0.9 厘米，高 0.8 厘米

据典籍载，未央宫中设有东、西织室，是皇宫中的丝织作坊，专门负责宫中织作缯帛和绣制郊庙之服，主管官吏有令丞，属吏有令史等。这枚“东织令印”属于专门负责东织室的官吏。织室的织工多为官奴婢或犯罪的贵族女性，汉文帝的母亲薄太后就曾在织室中劳役过。

丝质针衣

Sewing Kit

馆藏：湖南博物院
时代：西汉初期（公元前 206—约前 163 年）
尺寸：长 16 厘米，宽 8.8 厘米

针线是古代女性裁衣缝线的主要工具，而针衣则是放置针线的工具包。这件针衣原本存放在九子漆奁内，用细竹条编成帘状，两面蒙上丝织物，拦腰缝一丝带，可以折转，把针线等包在里面，属于精致的生活器物，用于缝补衣物和美化日常的装束。通过针衣，我们或可以想到在它背后从事裁衣缝制工作的女性，也正是她们的付出才成就了贵族们的人前显贵。

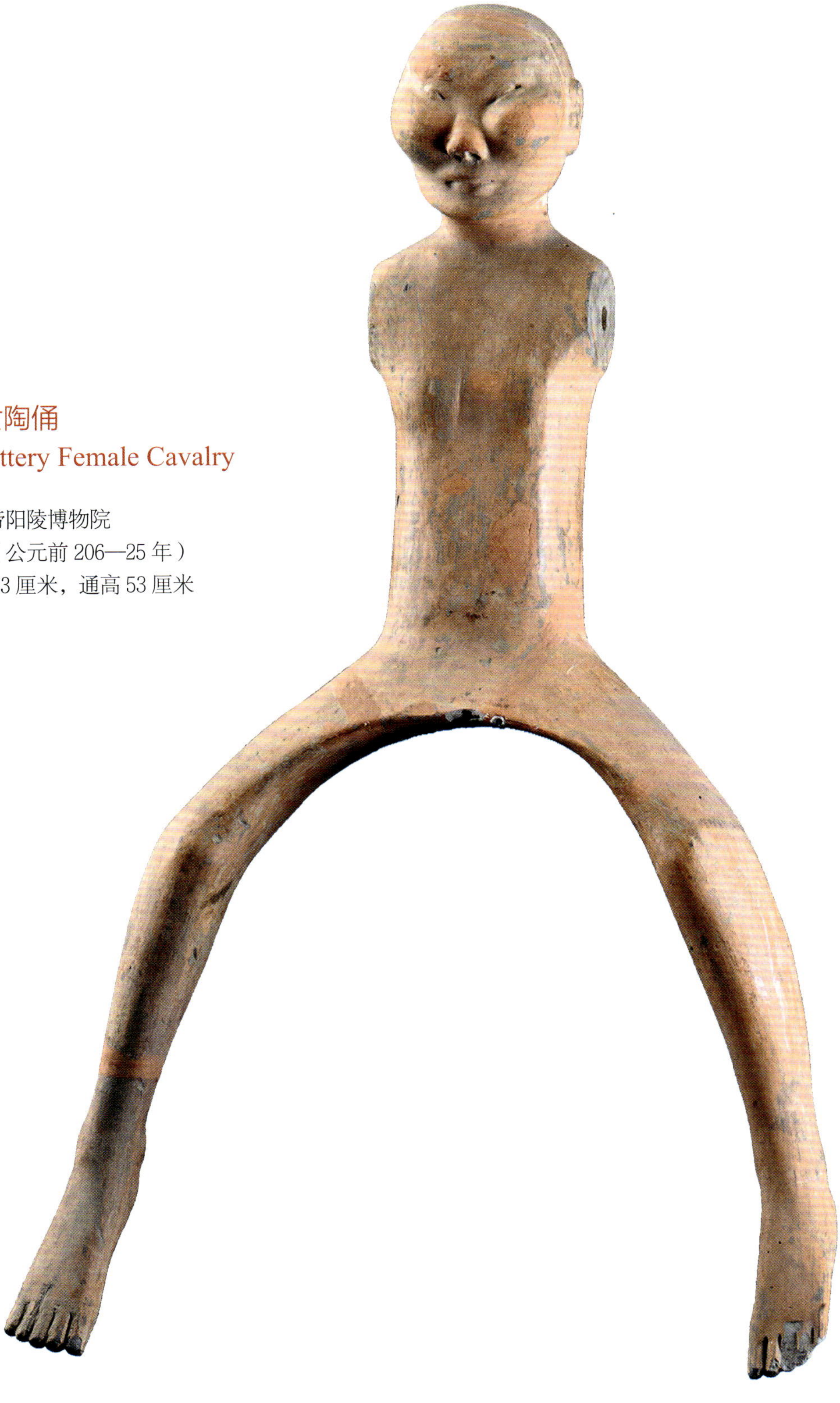

① 骑马女陶俑

Painted Pottery Female Cavalry

馆藏：汉景帝阳陵博物院
时代：西汉（公元前 206—25 年）
尺寸：身宽 33 厘米，通高 53 厘米

② 骑马女陶俑
Painted Pottery Female Cavalry

馆藏：汉景帝阳陵博物院
时代：西汉（公元前 206—25 年）
尺寸：身宽 33 厘米，通高 53 厘米

①②

翻阅历史文献，我们经常会发现女性参军的记载，汉代以前的女性主要负责为前线士兵运送粮草以及照顾伤兵等辅助工作。到了汉代，女性参军的情况有所发展，《后汉书 · 郑孔荀列传》记载，当时西北边郡女性颇习兵事，“犹戴戟操矛，挟弓负矢”。在皇宫中，女性充当骑兵仪仗队的角色，负责陪同皇后出巡，以壮行威。汉景帝阳陵出土的这组女骑兵俑神情冷峻，眉脊如山，当属于皇家仪仗队。

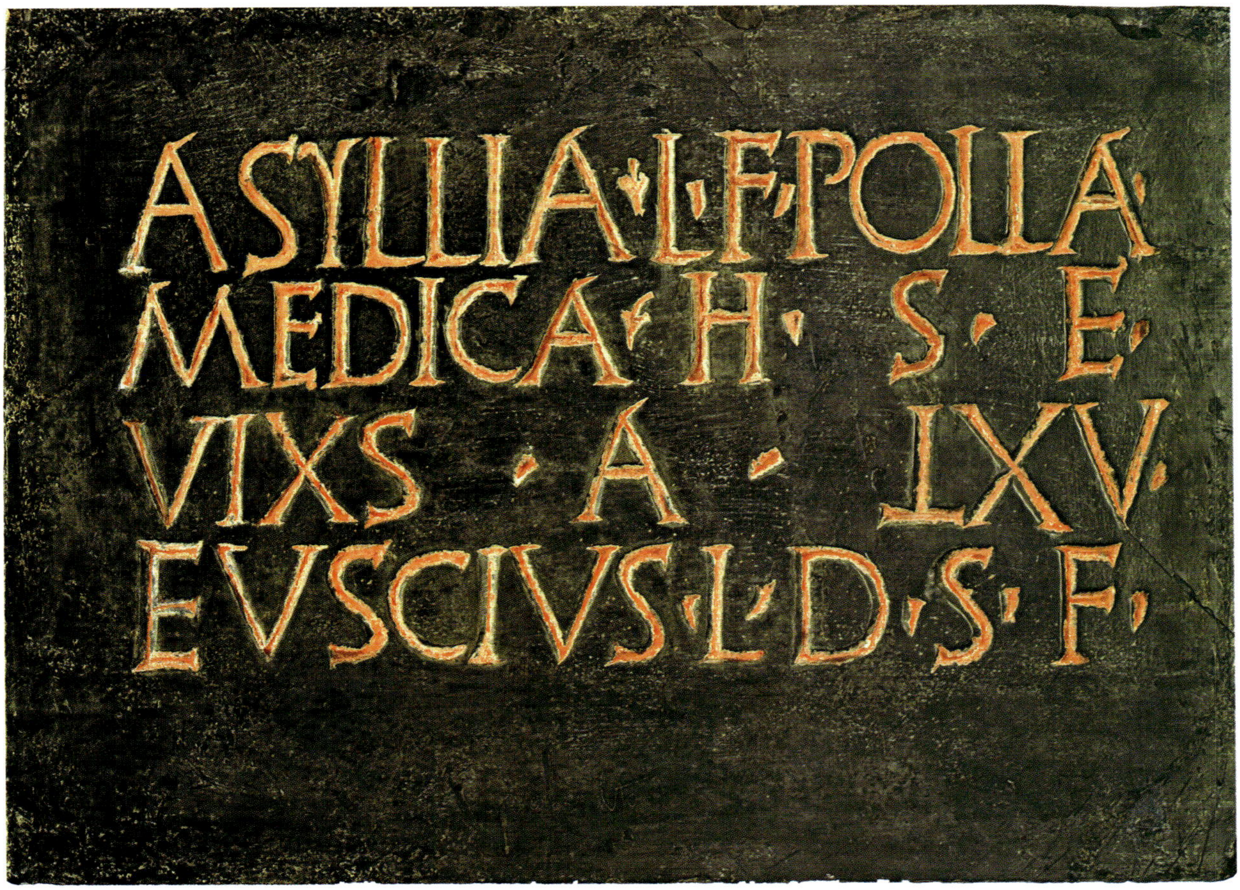

阿西利亚·波利亚女医生的墓志铭（复制品）

Asyllia Polla Funerary Inscription. Plaster Cast

馆藏：罗马文明博物馆
时代：原物为公元前 1 世纪晚期—1 世纪早期
尺寸：宽 32 厘米，厚 3.5 厘米，高 23 厘米

在历史上，医生这一职业长期被男性垄断，但女性治疗者其实一直存在。考古发现表明，公元前 4 世纪就有提及女医生的铭文，早至希腊时代就有女性作为医者活动。这件展品所提及的名为阿西利亚·波利亚的女医生，则直接证明了即使面对种种社会限制，仍有一部分罗马女性在进行医疗活动。

青铜勺形医用器械

Probes for Medical Use

馆藏：卡比托利欧博物馆
时代：公元 2—3 世纪
尺寸：长 16、18、17、14.3、21.5 厘米（从左至右）

古罗马医学受古希腊医学影响，他们的医疗手段在整个古代社会都算得上较为先进。这组青铜制的医用器械造型、长短不一，丰富多样，正是古罗马医疗水平的直接反映。

金医针
Gold Needle

馆藏：河北博物院
时代：西汉（公元前 206—25 年）
尺寸：长 6.55 厘米

针灸是中国古人在长期医疗实践中独创的一种治病方法，医针是古代医者治病救人的重要工具。到了汉代，平民女性为医者不在少数，如《史记》《汉书》中提及的汉代妇产科女医生淳于衍和杂科女医生义姁。即使受限于传统观念的约束，汉代女性并未完全被禁锢在家庭内部，仍活跃于社会活动领域之中。

《女性分娩场景》浮雕（复制品）
Relief with Childbirth Scene. Plaster Cast.

馆藏：罗马文明博物馆
时代：原物为公元 2 世纪中期
尺寸：宽 47 厘米，厚 5.5 厘米，高 35 厘米

在古罗马社会中，助产士在女医群体中最为普遍，她们凭借自身的经验与技能，为产妇接生并治愈各种妇科疾病。她们大多是有助产医学基础知识的古希腊移民以及部分有知识文化基础的古罗马妇女。古代女性面对巨大的生育风险，使得社会对健康新生儿的需求增加，而助产士是女性生育过程不可缺少的关键人物，是新生命的见证者与呵护者。

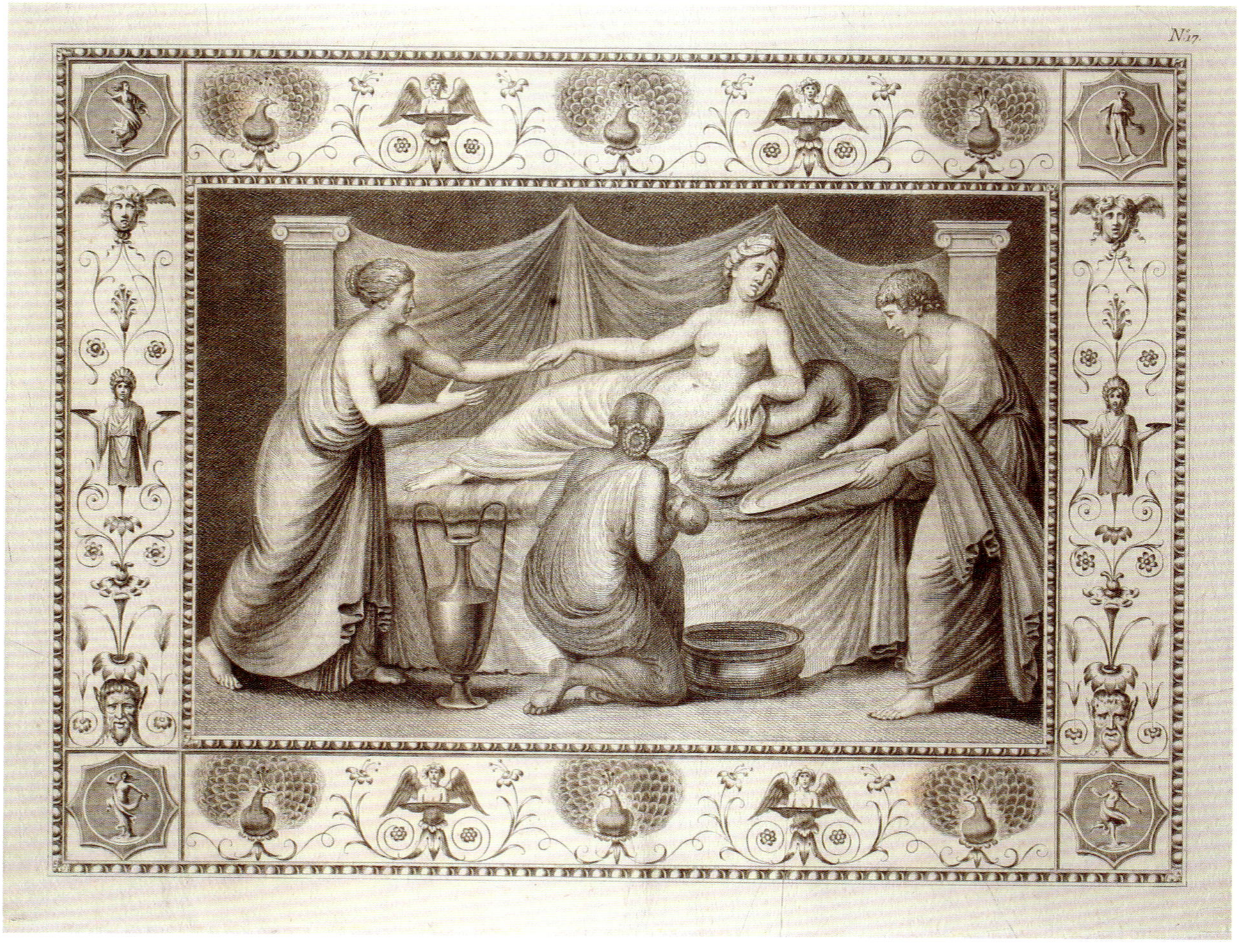

《女性分娩场景》蚀刻版画

Printed *Scene of Childbirth*

馆藏：罗马市历史档案馆

时代：公元 1776 年

尺寸：宽 76 厘米，高 65 厘米

这幅创作于 18 世纪的蚀刻版画描绘了一个分娩场景。画面中，两根柱子支撑着产床的帷幔，躺在床上的是一个刚刚经历分娩的女人。她靠着枕头，并将左手搭在上面。在痛苦中，她的右手伸向一名女子，渴求帮助，而那位女子则伸出手来协助她。在她面前，还有一名女子背对着画面，怀抱着婴儿，准备给婴儿洗澡。

酿酒画像石砖
Brick Relief with a Scene of Wine Production

馆藏：四川博物院
时代：原物为东汉（公元 25—220 年）
尺寸：长 49.5 厘米，宽 28.3 厘米，高 6 厘米

汉代女性的活动空间并不仅仅局限于家庭内部，商业活动中也常常看到她们的身影。这块画像砖生动再现了东汉酿酒场景，其中女性位于画面右上方，头挽高髻，作指挥状。另外几人，有的衣袖高挽，右手从釜内挹取某物；有的身着短衣裤，双手推着载有方形容器的独轮车离去；其下一人，肩挑酒瓮，回首张望。这幅画像内容与司马相如、卓文君当垆卖酒的记载相似，展示了汉代女性参与商业活动的普遍性。

①②③

在汉代，贵族家庭中都会蓄养侍女，用以维持家庭中的日常事务运作。汉景帝阳陵出土的这3件侍女俑就是以侍女形象为原型塑造的。着衣式彩绘女俑通体施有橙红色彩绘，下葬时身着丝帛，装有可活动的木质手臂，头发、眉毛、瞳仁均呈黑色，眉目清秀，神情怡然，具有较强的艺术感染力。塑衣式彩绘持帚女俑长相清秀端庄，眉目细长，鼻梁细挺，唇小如樱桃。身着及膝长襦，宽大的衣袖自然下垂，双手环抱腹前，中部中空处为扫帚。女俑微微低头，谦卑和恭敬之态尽显其中。

① 着衣式彩绘侍女陶俑
Painted Pottery Maid

馆藏：汉景帝阳陵博物院
时代：西汉（公元前206—25年）
尺寸：宽8.2厘米，高53.1厘米

② 着衣式彩绘侍女陶俑

Painted Pottery Maid

馆藏：汉景帝阳陵博物院
时代：西汉（公元前 206—25 年）
尺寸：宽 8.4 厘米，高 54.5 厘米

③ 塑衣式彩绘持帚女俑

Painted Pottery Maid with a Broom in Hand

馆藏：汉景帝阳陵博物院
时代：西汉（公元前 206—25 年）
尺寸：宽 27.2 厘米，厚 15.9 厘米，高 53.7 厘米

“萨福式”大理石方柱形头像

Sappho-Type Marble Herm

馆藏：多里亚·潘菲利别墅
时代：公元前27—68年
尺寸：宽22.5厘米，厚21厘米，高41厘米

萨福，古希腊的璀璨诗魂，她的名字与诗篇在时光的长河中熠熠生辉。作为女诗人的典范，她以细腻的笔触和深情的吟唱，捕捉那些微小而深刻的情感瞬间，诠释了爱情的多重面貌，被誉为“描写女性爱情的圣人”。柏拉图赞其为“第十位缪斯”。这尊雕塑，由于脸型和头发的特征，被认为是萨福，在静立间诉说着她的传奇。千百年来，萨福的名字与作品传颂不息，她的光芒永照文学星空，激励后世追求文学与情感的极致表达。

第三单元

Unit Three: WISH

花好人团圆

青青子衿，悠悠我心。

青青子佩，悠悠我思。

也许对爱情的向往，对恋人的思念，以及对家人的祈愿，才是女性内心世界中最真实的情感独白。走近她们，会发现那细腻如水的思绪，炽热如火的情感以及温柔善良的美。

在此，我们将跟随汉代与古罗马女性的心迹，沉浸在一段关于爱情与婚姻的跨时空对话之中，感受她们对浪漫情感和美满婚姻的深深期盼与执着追求。

对神祇的祭祀与祈愿也是女性情感的主要表达方式之一，在祭坛的烛火间，她们诉说着对自己人生的期盼和愿望，以及对美好生活永恒不变的纯真向往。

Student with collar blue, How much I long for you! Scholar with belt-stone blue, How long I think of you! The deepest emotions in a woman's heart often center around love for its partner, a longing for romance, and prayers for family well-being. Exploring their inner worlds reveals delicate thoughts, passionate emotions, and inherent kindness. As we delve into the emotional lives of women from the Han Dynasty and ancient Rome, we could explore their quest for love and marital happiness. Their worship and prayers at altars not only express their life aspirations but also their desire for a beautiful life.

第一组

愿得一心人 白头不相离

问世间，情是何物？直教生死相许。

当面对爱情这一永恒话题时，无论在哪个时代都有女性不断追寻其真谛。在古罗马，婚礼仪式被女性所珍视，被视为结婚双方爱情的见证，是两人共筑家庭的开始。在汉代，卓文君与司马相如私奔的故事成为女性大胆追求爱情的典范，那句“愿得一心人，白头不相离”的誓言更是成为千古绝唱，被后世奉为圭臬。

草叶纹铭文铜镜

Bronze Mirror with Grass Leaf Patterns and Inscriptions

馆藏：汉景帝阳陵博物院

时代：西汉（公元前 206—25 年）

尺寸：直径 13.8 厘米，厚 0.32 厘米

作为日常生活用品，铜镜也寄托着人们对美好爱情的祝福与祈愿，许多铜镜的背面都铸刻着一段段表达恋情或相思的吉语。这类吉语文字朴实，却情意绵绵，感情真挚，表达了男女之间的忠贞爱情，抑或倾诉着妻子对远行丈夫的思念之情。这面草叶纹铜镜为伏螭纽方座，座外饰双线方框，其间有八字铭文：“久不相见，长毋相忘。”睹镜念亲人，铭文寄相思。以镜自喻依托相思之辞，表达了女性对自己爱恋之人的深情，也蕴含了女子期盼爱恋之人对自己忠诚的愿望。

婚礼场景石棺残件

Fragment of a Sarcophagus with a Wedding Scene

馆藏：卡比托利欧博物馆—蒙特马尔蒂尼中心

时代：公元 2 世纪中期

尺寸：宽 120 厘米，厚 35 厘米，高 108 厘米

《阿尔多布兰迪尼婚礼》蚀刻版画

Printed *Aldobrandini Wedding*

馆藏：罗马市历史档案馆
时代：公元 1776 年
尺寸：宽 100 厘米，高 64 厘米

这幅创作于 18 世纪的版画描绘的是罗马帝国时期女性婚礼场景。画中新娘面带愁容，裹着一条白色披风，坐在床上，正为出嫁感到焦虑。维纳斯坐在她旁边，拥抱并安慰鼓舞她。婚姻之神海曼头戴常春藤冠，坐在床脚。古罗马时期的传统婚礼分为三个阶段，每个阶段都各有特色，其中蕴含着人们对新婚夫妇的祝福、祈愿。婚礼中最重要的仪式则是送亲队伍要把新娘护送到夫家，其间还有唱歌、撒榛子等习俗，寓示新人婚姻美满，多子多福。

《塞西莉亚 · 梅特拉的陵墓》蚀刻版画

Printed *Mausoleum of Cecilia Metella*

馆藏：罗马博物馆

时代：公元 1823 年

尺寸：长 62.7 厘米，宽 46 厘米

条条大路通罗马”，古罗马时期的阿庇亚大道两侧都是庄严的纪念碑和陵墓。塞西莉亚 · 梅特拉的陵墓就是阿庇亚大道上最有名的遗迹之一。这是一座直径 20 米的圆筒形陵墓，14 世纪时曾经被当作要塞使用过。塞西莉亚 · 梅特拉出身于一个比较有声望的罗马贵族之家，在她去世之后，她的丈夫及家人为她修建了豪华的陵墓。

布莱西家族的石灰岩墓碑

Tomb Relief of the Blaesii Family

馆藏：卡比托利欧博物馆—蒙特马尔蒂尼中心

时代：公元前 75—50 年

尺寸：宽 114 厘米，厚 18 厘米，高 60 厘米

对于古罗马人来说，坟墓的修建是非常重要的事情，特别是在墓碑上镌刻夫妻二人的半身像以及身份说明的文字，是展示和保存家族记忆的最佳方式。它或许不如诗歌传颂广泛，但却可以更直接、更具体地表达纪念意义。这块罗马共和国时期布莱西家族的墓碑上雕刻的正是墓主布莱西乌斯和布莱西娅夫妇，虽然历经两千多年的风雨侵蚀，保存依旧完好，就如同墓主夫妇的婚姻与爱情一样，经历风雨仍紧紧依偎，恒久未变。

安妮亚·雷吉拉的陵墓模型

Model of the Tomb of Annia Regilla

馆藏：罗马文明博物馆
时代：公元 20 世纪 30 年代
尺寸：宽 56 厘米，厚 78 厘米，高 50 厘米

安妮亚·雷吉拉陵墓也修建在阿庇亚大道上，是一幢两层楼的建筑物，其中地下部分是墓室，地上部分是礼拜场所。安妮亚·雷吉拉是罗马帝国时期元老院希腊人贵族希罗德·阿迪库斯的妻子，她于公元 160 年逝世。

达夫尼斯之妻阿斯特的墓碑大理石浮雕

Marble Relief of Daphnis Gravestone

馆藏：卡比托利欧博物馆
时代：公元前 1 世纪
尺寸：长 33 厘米，厚 4.5 厘米，高 23 厘米

这件制作于罗马帝国时期的墓碑见证了一段夫妻间的爱情誓言。在这件四方形的墓碑上，一位坐着的女性紧握着站立男子的手。这是已故的阿斯特与她的丈夫达夫尼斯。墓碑浮雕下方的墓志铭记述着：达夫尼斯出于对阿斯特的爱所做的墓志铭，他曾将她视为妻子深爱着她，并在她去世后怀念她。

克劳迪娅·普里米杰尼亚的大理石骨灰瓮

Cinerary Urn of Claudia Primigenia

馆藏：卡比托利欧博物馆—蒙特马尔蒂尼中心
时代：公元 1 世纪中期
尺寸：宽 44 厘米，厚 35 厘米，高 64 厘米

这件骨灰瓮是由 C. 沃卢修斯·塞孔都斯 (C. Volusius Secundus) 献给他心爱的伴侣克劳迪娅·普里米吉尼亚 (Claudia Primigenia) 和他自己，是一件充满情感与艺术气息的杰作。铭文板下，一座牛雕栩栩如生，它精确地参照了希腊艺术家米隆的杰作，它被带到罗马，在和平神庙前展出。这座骨灰瓮不仅是一件精美的工艺品，更是一份跨越时空的爱意，诉说着一段不朽的情缘。

雕有费里希塔丝的大理石浮雕墓碑

Marble Funerary Relief Grave stone Carved with Felicitas

馆藏：卡比托利欧博物馆—蒙特马尔蒂尼中心
时代：公元 140—160 年
尺寸：宽 89 厘米，厚 22 厘米，高 61 厘米

浮雕描绘的是逝去的费里希塔丝，她躺在床上，手中持着花环和苹果。碑文记载，这座墓碑是费里希塔丝的医生丈夫克劳迪乌斯·阿加亚提努斯献给她的，浮雕上的费里希塔丝美丽动人，长袍披在一侧的肩上，与爱神维纳斯的形象相仿。

第二组

但愿人长久 千里共婵娟

愿度恒沙众，长明日月灯。

对美好生活的祝福祈愿是承载女性情感寄托的另一空间。

在古罗马，女性会在家中布置神龛，祭祀诸神；亦会踏入庄严的神庙，将心愿诉诸神明。

在汉代仙风盛行的背景下，女性将祈福祈愿的目光投向了遥远飘渺的仙界。博山炉的香烟袅袅升起、铜镜上仙人神兽图案栩栩如生、墓室画砖上的西王母活灵活现，无不映照着她们对美好生活的无限憧憬和对永恒生命的殷切期盼。

维斯塔贞女大理石头像

Portrait Head of a Vestal Virgin

馆藏：卡比托利欧博物馆—蒙特马尔蒂尼中心
时代：公元 2 世纪晚期
尺寸：高 27.5 厘米

维斯塔贞女是侍奉圣火维斯塔女神的女祭司，因在奉圣职的 30 年内须守贞而得名。她们的任务是守护维斯塔神庙的炉灶，不让圣火熄灭。在古罗马百姓的观念中，正因为有了维斯塔贞女的祈祷，罗马帝国才能安定繁荣。在一座公元 3 世纪的维斯塔贞女雕像基座上就刻着这样的话：通过她的道德修养及她在祭仪上的精湛表现，罗马帝国因她的功德而体会到了日复一日的幸福。

雕有塞壬的陶质小型祭坛

Small Pottery Altar Carved With Siren

馆藏：卡比托利欧博物馆
时代：公元前 6 世纪晚期
尺寸：底座长 27.8 厘米，宽 11 厘米，高 15 厘米

塞壬，古希腊神话中人首鸟身的怪物，别名阿刻罗伊得斯。塞壬经常徘徊在海中礁石或船舶之间，用自己的美妙歌喉使得过往的水手倾听失神，从而导致航船触礁沉没，因此又被称为海妖。古罗马航海活动频繁，女性祭祀塞壬，不仅表达了对海洋女神的崇拜与祈求，还反映了当时古罗马妇女祈求家人航海平安的愿望。

雕有骑在海豚上的涅瑞伊得斯陶质小型祭坛

Small Altar (Arula) in the Form of a Parallelepiped

馆藏：卡比托利欧博物馆

时代：公元前 4 世纪

尺寸：残件，长 17 厘米，宽 27 厘米，高 24 厘米；

修复后，底座长 23.3 厘米，宽 17.5 厘米，冠部长 24 厘米，宽 18 厘米，通高 27 厘米

该件展品于 1879 年的夏天被发现于梅鲁拉纳大道。涅瑞伊得斯是古希腊神话中的海洋女神，她们是海神涅柔斯与大洋神女多里斯所生的五十个女儿，各自代表了大海的种种方面和特征：咸水、泡沫、海沙、岩石、海浪和海流等等，这些大海的特征也在她们的名字中得到体现。她们是水手和渔夫的保护者，帮助在海上遇险的人们。

雕有骑在公牛上的有翅女性形象陶质小型祭坛

Small Altar (Arula) in the Form of an Hourglass

馆藏：卡比托利欧博物馆

时代：公元前 4 世纪晚期—前 3 世纪

尺寸：高 13.5 厘米，冠部长 12.3 厘米，宽 8.8 厘米，底座长 12.5 厘米，宽 10 厘米

该件展品被发现于罗马埃斯奎利诺地区，祭坛右下方雕刻有一头公牛，上方是一位身体舒展的女性，其背后雕有双翅。在古希腊神话中，牛代表呼风唤雨的力量、至高无上的权力和强大的生殖繁衍能力，神话故事中也有众神之王宙斯变身为牛的传说。这个骑在公牛上的有翅女性形象来源于古罗马女性奇妙美好的想象，超脱于现实的大胆浮想，寄托了古罗马妇女的人生期盼。

祭祀用陶质女性头像

Pottery Votive Statue

馆藏：卡比托利欧博物馆

时代：公元前 4—前 3 世纪

尺寸：宽 19 厘米，高 27.5 厘米

这件女性头像被发现于罗马埃斯奎利诺地区，其原址可能是一处神庙的遗址，在那里人们发现了数百件祭祀品。该女性头像应该也是当时人们奉祀神庙的祭品。头像采用写实的手法制作，与现实中古罗马女性的容貌装扮相似，用雕塑技艺定格当时的女性形象，意在传递某种信仰。

① 陶质人形祭品

Pottery Votive Statuette

馆藏：卡比托利欧博物馆
时代：公元前 1 世纪
尺寸：宽 6 厘米，高 20 厘米

①②③④⑤

这组陶质人形祭品被发现于罗马埃斯奎利诺地区，原址发现了数百件祭品，可能为一处神庙遗址。这组人形祭品为罗马红陶，尺寸不大，形制多样，制作工艺考究，纹饰繁复精美，是专门用于神庙祭祀的祭品。

② 陶质人形祭品

Pottery Votive Statuette

馆藏：卡比托利欧博物馆
时代：公元前 2—前 1 世纪
尺寸：宽 6 厘米，高 13.8 厘米

③ 陶质人形祭品

Pottery Votive Statuette

馆藏：卡比托利欧博物馆
时代：公元前 2—前 1 世纪
尺寸：宽 5.2 厘米，高 17 厘米

④ 陶质人形祭品

Pottery Votive Statuette

馆藏：卡比托利欧博物馆
时代：公元前 4—前 2 世纪
尺寸：宽 9.8 厘米，高 10.3 厘米

⑤ 陶质人形祭品

Pottery Votive Statuette

馆藏：卡比托利欧博物馆
时代：公元前 4—前 2 世纪
尺寸：宽 8 厘米，高 19.5 厘米

①②

这组红陶人形祭品，出土于密涅瓦医学神殿。祭品形制不一，有襁褓中的婴儿形制，有两人、多人组合形制，应当是为了满足不同的献祭需求，也与古罗马的社会医疗水平有着密切关系。

① 陶质人形祭品（襁褓中的婴儿）

Pottery Votive Statue: Child in Swaddling Clothes with Head Veiled

馆藏：卡比托利欧博物馆
时代：公元前 4—2 世纪
尺寸：长 55 厘米，宽 15 厘米

② 陶质人形祭品（组合雕像）

Pottery Anthropomorphic Votive Statuette

馆藏：卡比托利欧博物馆

时代：公元前 4—前 2 世纪

尺寸：宽 7.5 厘米，厚 3.3 厘米，高 11.6 厘米

① 铜质人形祭品
Bronze Votive Statuette Identified as Minerva

馆藏：卡比托利欧博物馆
时代：公元前 5—前 2 世纪
尺寸：宽 3 厘米，高 7.5 厘米

② 铜质人形祭品
Bronze Votive Statuette Identified as Minerva

馆藏：卡比托利欧博物馆
时代：公元前 4—前 3 世纪
尺寸：宽 3 厘米，高 7 厘米

①②

这组铜质人形祭品被发现于罗马东北部的坎波韦拉诺公墓，这是一座从古罗马时代沿用至今的公墓。祭品的材质丰富多样，普通家庭会用红泥烧制陶质祭品，贵族家庭会铸造青铜祭品，皇室贵族成员则会用白银或者黄金甚至是玉石制作献祭的祭品。这组铜质人形祭品被制作成密涅瓦的形象，应是当时贵族家庭向神灵祈愿时进献的祭品。

①②③

这组展品出土于密涅瓦医学神殿。密涅瓦与古希腊女神雅典娜相对应。传统上，密涅瓦作为智慧女神和战争女神受到崇拜，但这组祭品揭示了女神的另一类神职——“医药神”。在古代社会中，生育往往伴随着巨大的风险，无论是难产的孕妇还是早夭的孩童，都困扰着一个个家庭。古罗马女性将陶质子宫等祭品献祭给作为医药神的密涅瓦，祈祷她庇佑生育顺利和家族延续。

① 陶质子宫形祭品

Pottery Votive Sculpture: Uterus

馆藏：卡比托利欧博物馆
时代：公元前 3 世纪
尺寸：宽 9 厘米，高 13 厘米

② 陶质子宫形祭品

Pottery Votive Sculpture: Uterus

馆藏：卡比托利欧博物馆
时代：公元前 3 世纪
尺寸：宽 10.5 厘米，高 15 厘米

③ 陶质子宫形祭品

Pottery Votive Sculpture: Uterus

馆藏：卡比托利欧博物馆
时代：公元前 3 世纪
尺寸：宽 8.3 厘米，高 14.8 厘米

① 丽达与天鹅大理石雕塑

Statue of Leda with the Swan

馆藏：卡比托利欧博物馆

时代：公元 2 世纪早期

尺寸：宽 70 厘米，厚 48 厘米，高 138 厘米

② 《丽达与天鹅》蚀刻版画

Printed *Leda and the Swan*

馆藏：罗马博物馆

时代：公元 1720—1741 年

尺寸：宽 32.4 厘米，高 27 厘米

①②

这组展品讲述了古希腊神话中的著名故事“丽达与天鹅”，丽达原是埃托利亚国王的女儿，即海仙之女，她嫁给斯巴达王廷达瑞俄斯后，因其丈夫忘了向美神阿佛洛狄忒祭祀，遂遭到这位女神的报复。一天，阿佛洛狄忒把宙斯化作一只天鹅，自己则化作一只鹰追逐他。丽达正在湖池沐浴，见一天鹅飞落湖边，就把它抱在怀里，后引起怀孕，生下了四只天鹅蛋，蛋中孵出四个神。作品的主题是生命繁衍，蕴含人类生育的意象与价值。

描绘珀耳修斯和安德罗墨达的彩绘石膏壁画

Fresco with Perseus and Andromeda

馆藏：卡比托利欧博物馆
时代：公元 4 世纪晚期
尺寸：长 221 厘米，高 132 厘米

这幅半月形壁画描绘了珀耳修斯解救被囚禁在岩石上的安德罗墨达的神话场景。安德罗墨达是埃塞俄比亚国王的女儿，她被吃人的海怪挟持，并说这是执行神的指示。英雄珀耳修斯在归途中经过巨岩上空，发现巨岩上被锁着的安德罗墨达，他立即杀死了海怪，救出了公主，并娶她为妻。壁画描写的正是英雄救出美人的时刻，诠释了一段英雄救美的爱情故事。

献给伊西斯的大理石祭坛

Altar of Isis

馆藏：卡比托利欧博物馆—蒙特马尔蒂尼中心
时代：公元 130—170 年
尺寸：宽 51 厘米，厚 51 厘米，高 87 厘米

这座祭坛于 1719 年被发现于罗马坎波马齐奥的伊西斯神庙。祭坛四面装饰着与伊西斯女神崇拜有关的符号和人物形象，如装有蛇的蛇篮、伊西斯与埃及神话中的冥王奥西里斯之子哈尔波克拉特斯以及埃及神阿努比斯。

伊西斯大理石浮雕

Fragment of a Relief Depicting Isis Frugifera

馆藏：卡比托利欧博物馆—蒙特马尔蒂尼中心
时代：公元 1 世纪中期
尺寸：宽 65 厘米，厚 40 厘米，高 84 厘米

在这件浮雕中，生育女神伊西斯以芦苇为背景，身披一种名为“希玛纯”的披风，胸前系着一个大结，点缀着长长的流苏，这是伊西斯女神服饰的典型特征。

伊西斯－福尔图娜大理石雕像

Statue of Isis-Fortuna

馆藏：卡比托利欧博物馆—蒙特马尔蒂尼中心
时代：公元2世纪中期
尺寸：宽59厘米，厚39厘米，高154厘米

这尊伊西斯－福尔图娜雕像于1885年被发现于一座罗马宅邸的神龛之中，作供奉之用。其形象写实，神态怡然，头饰和王冠是典型的伊西斯的特征；同时又兼具幸运女神福尔图娜的形象特征，如丰饶之角和船舵。这些符号标志的组合代表了两个神灵的融合，她们都是人类命运的守护者。

女神伊西斯大理石雕像

Statue of Isis

馆藏：卡比托利欧博物馆—蒙特马尔蒂尼中心
时代：公元 2 世纪晚期—3 世纪早期
尺寸：高 114 厘米

伊西斯女神，起源于古埃及宗教，是爱与魔法的象征，在罗马时期获得广泛崇拜。伊西斯被认为是理想的妻子与母亲，是自然与海洋的保护神，对她的崇拜在罗马帝国各地盛行，尤其是在地中海沿岸。罗马人将她与本土神祇等同，庆祝她的节日，并建立庙宇供奉。伊西斯教的仪式包括祭祀、游行和象征性的再生仪式，强调死亡与复生的循环。这种信仰体现了古罗马社会对于宗教多样性的包容和融合。

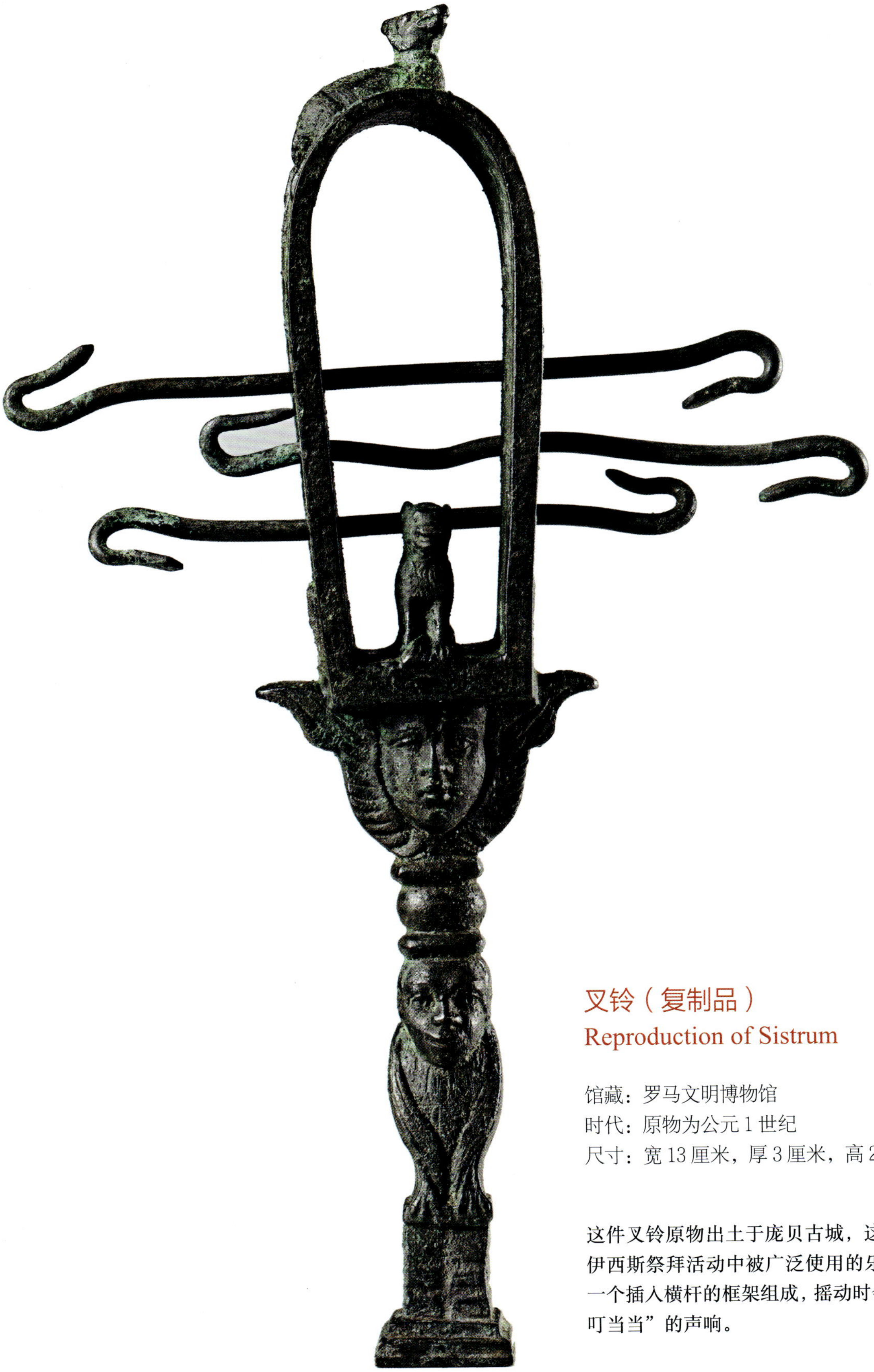

叉铃（复制品）
Reproduction of Sistrum

馆藏：罗马文明博物馆
时代：原物为公元 1 世纪
尺寸：宽 13 厘米，厚 3 厘米，高 21 厘米

这件叉铃原物出土于庞贝古城，这是一种在伊西斯祭拜活动中被广泛使用的乐器。它由一个插入横杆的框架组成，摇动时会发出“叮叮当当”的声响。

献给密涅瓦的大理石祭坛

Altar of Minerva

馆藏：卡比托利欧博物馆
时代：公元前 2—3 世纪
尺寸：宽 60 厘米，厚 57 厘米，高 90 厘米

密涅瓦是罗马神话中的智慧、战争、月亮和记忆女神，也是手工业者、学生、艺术家的保护神，是罗马十二主神之一，对应希腊神话中的雅典娜、凯尔特神话中的苏莉斯女神。她的神庙是手工业者的活动中心，音乐家、医生、教师、演员、作家都是她的崇拜者。这座大理石祭坛有四面装饰，正面描绘了为了纪念密涅瓦进行的祭祀，背面人物疑为罗马第一位皇帝屋大维·奥古斯都，两侧则是贸易工具和祭祀用具。祭坛上部雕刻的铭文记录了献祭者的姓名。

幸运女神福尔图娜形象的克劳迪娅·尤斯塔大理石雕像

Statue of Claudia Iusta Represented as the Goddess Fortuna

馆藏：卡比托利欧博物馆—蒙特马尔蒂尼中心
时代：公元 2 世纪早期
尺寸：宽 38 厘米，厚 33 厘米，高 188 厘米

这尊福尔图娜雕像是罗马皇帝图拉真时期对公元前 4 世纪希腊原作进行复制的产物。福尔图娜是罗马神话中的命运女神，也是女性的佑护者。对少女时代的罗马女性而言，福尔图娜是“永葆童贞者”，少女们（或新娘）常将心爱的衣物奉献给女神。对于已婚妇女，福尔图娜同样也是保护神，每当古罗马妇女希望婚姻幸福、生育和谐时，她们会到神庙举行宗教仪式以寻求福尔图娜的庇护。

许癸厄亚大理石雕像

Statue of Hygieia

馆藏：博尔盖塞别墅
时代：公元 2 世纪早期
尺寸：宽 61 厘米，厚 38 厘米，高 182 厘米

这件雕像可能是古希腊和罗马神话中的健康、清洁和卫生之神许癸厄亚。她是医药之神阿斯克勒庇俄斯的女儿，经常被描绘为一位用碗喂蛇的少女形象，蛇是她的象征符号之一。

供奉拉尔的大理石小型基座

Small Base Dedicated to the Lares

馆藏：卡比托利欧博物馆

时代：公元 2 世纪

尺寸：宽 11 厘米，厚 12 厘米，高 19 厘米

拉尔是罗马宗教的保护神。最初是耕地的神，后来与家神珀那忒斯一起受人崇拜。家神拉尔是家族崇拜仪式的中心，其像多为青年。人们每天早晨要向拉尔祈祷，在家庭节日时要向拉尔奉献供物。家神拉尔与家灶、家祭以及家园中的林木相关联，每逢生育、成年、婚配、死亡，人们则向此类神灵祈祝。

“含羞维纳斯”大理石雕像

Headless Statuette of Aphrodite Pudica

馆藏：卡比托利欧博物馆—蒙特马尔蒂尼中心
时代：公元2世纪
尺寸：宽19厘米，厚16厘米，高50厘米

维纳斯是罗马神话中代表美与爱的女神。在古罗马时期，维纳斯多被表现为刚出浴时的形象，她以羞怯的姿态用手遮掩自己的私处，以示贞洁。这种“含羞维纳斯”类型的雕像是罗马时代的创举，雕塑吸收了公元前2世纪中期希腊时期的风格特点。维纳斯作为美与爱的化身，她的形象深深地烙印在罗马女性的审美与认知之中，成为美丽和爱情的象征。

赫卡忒大理石雕像

Statuette of Hecate

馆藏：卡比托利欧博物馆—蒙特马尔蒂尼中心
时代：公元 2 世纪
尺寸：宽 18 厘米，厚 18 厘米，高 34 厘米

这件赫卡忒雕像被发现于罗马埃斯奎利诺地区中的一个古罗马家庭祭坛，应是被供奉的神祇。赫卡忒是古希腊神话中掌管天空、大地、海洋的大女神，后期又被认为是冥界的女神，象征世界的阴暗面。在罗马神话里，赫卡忒与月亮女神狄安娜混同，成为古罗马女性所祭拜的对象。

献给母神的大理石祭坛

Altar Dedicated to Cybele

馆藏：卡比托利欧博物馆

时代：公元 1 世纪早期

尺寸：长 51 厘米，宽 59 厘米，高 87 厘米

这块祭坛被发现于 16 世纪，祭坛正面描绘了将众神之母西布莉崇拜传入罗马的相关场景。大母神西布莉是罗马神话中一位重要的女神，被认为是一切生命的源泉和大自然的保护者。罗马人将她等同于地球和自然的母亲，认为她拥有强大的力量和保护能力。这块祭坛是罗马自由民克劳迪娅·辛提基奉献给众神之母西布莉的，体现了这一时期罗马女性神祇崇拜的特征。

《三位女神》蚀刻版画

Printed *Three Goddesses*

馆藏：罗马市历史档案馆
时代：公元 1776 年
尺寸：宽 76 厘米，高 66 厘米

此幅版画描绘了在中央壁龛里的非洲大理石的底座上站立着的三位女神：朱诺、密涅瓦和维纳斯，各自佩戴着她们的象征性饰物，且赤裸着身体，仿佛即将要进行沐浴的场景，这很可能是对古希腊神话“帕里斯审判”的致敬。

“帕里斯审判”讲述了特洛伊王子帕里斯来裁决三位女神朱诺、密涅瓦和维纳斯，谁才是配得上最美女神称号的故事。在古罗马神话中，朱诺是众神之王朱庇特的妻子，是地位与权势的代表；密涅瓦既是智慧女神也是胜利女神，以智慧和勇气之光照亮文明之路；爱神维纳斯则以爱与美之智慧点亮人心。在时光的长河中，三位女神的形象历久弥新，成为女性追求智慧与魅力的永恒象征。

《雷亚·西尔维亚和马尔斯》蚀刻版画

Printed *Rhea Silvia and Mars*

馆藏：罗马市历史档案馆

时代：公元 1776 年

尺寸：宽度 76 厘米，高度 65 厘米

这幅版画中倚靠在巨石上的女性与罗马城的建立有关，图中女性雷亚·西尔维亚正是罗马神话中建立罗马城的罗慕路斯与雷穆斯两兄弟的母亲。雷亚·西尔维亚是国王努米托尔的女儿，后来被胁迫成为贞女，目的就是为了不让她拥有后代以免威胁皇位继承。但是雷亚·西尔维亚怀孕后生下了双胞胎兄弟，他们建立了罗马城，雷亚·西尔维亚便成了“罗马国母”，成为罗马历史上女性的典范。

《墨丘利和抱着婴儿的妇女》蚀刻版画

Printed *Mercury and Women with Infants*

馆藏：罗马市历史档案馆

时代：公元 1776 年

尺寸：宽度 77 厘米，高度 66 厘米

这幅版画描绘了此番场景：在布满怪诞图案和丧葬符号的画框内，众神的信使墨丘利作为灵魂的导引者，拉着一名女子的手，女子的左手则伸向一位身着褶皱长袍的女士，她抱着一个襁褓中已经夭折的婴儿，她的姿势和她后方的那棵干枯的树木暗示了这一点。在墨丘利的右侧站立着另一名女子，可能是朱诺，她正抱着另一个婴儿。在分娩时，人们会祈求这位女神的庇佑，而画框中的孔雀图案是朱诺的象征，这也暗示着女子的身份。整幅画面左侧有一根供奉柱，右侧是一棵枯树。这个场景很可能在暗示分娩中的死亡。

《梳妆的维纳斯》蚀刻版画

Printed *Venus in the Mirror*

馆藏：罗马市历史档案馆

时代：公元 1776 年

尺寸：宽度 77 厘米，高度 66 厘米

这幅版画描绘的是维纳斯的梳妆场景。在一个饰有花卉、天鹅和异兽的画框中，只见画中维纳斯侧身倚坐，持镜梳妆，两位小天使身旁侍立，和谐美妙。这幅作品不仅勾勒出维纳斯如凡间女子般的梳妆情态，更映射出当时社会对女性审美的一致崇尚。艺术家以细腻的笔触，捕捉了女性的梳妆瞬间，传递出对女性美的深度洞察和独特思考。

描绘亚马逊女战士的石棺

Sarcophagus with Scene of a Battle between Amazons and Greeks

馆藏：卡比托利欧博物馆

时代：公元 2 世纪中期

尺寸：长 252 厘米，宽 114 厘米，高 66 厘米

亚马逊女战士是古希腊神话中的一群传说人物。据传说，她们居住在黑海附近，是由女性组成的战士部落。她们被描述为勇敢而独立的女性，擅长骑马和使用武器。她们曾与希腊人发生了多次战争，这副石棺所描绘的正是亚马逊女战士与希腊人战斗的场景。

P·XIV·A·D·MDCCXLIIII

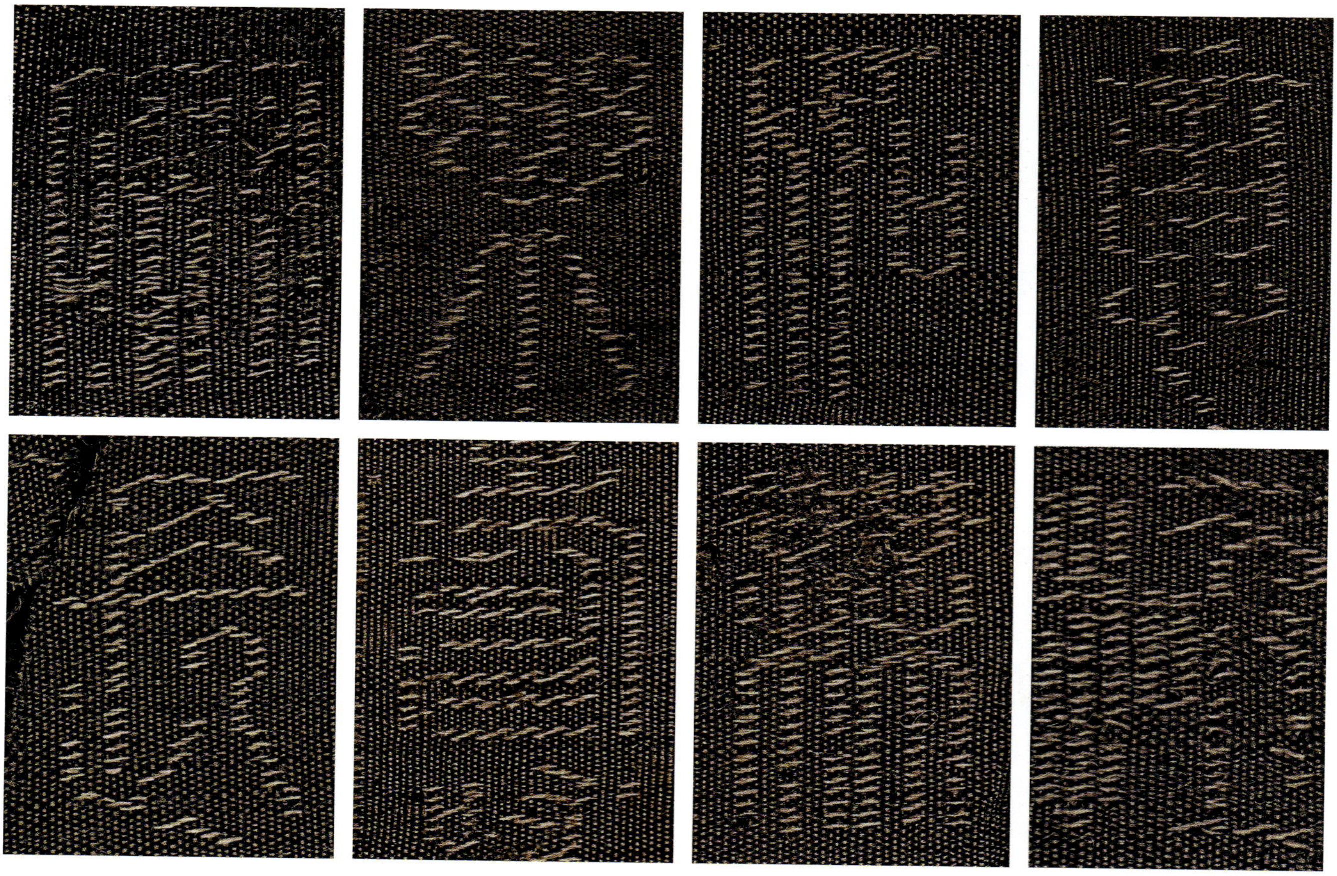

“安乐如意 长寿无极”对鸟菱形纹绮丝绵袍残片
Fragment of Garment with Chinese Characters

馆藏：湖南博物院
时代：西汉初期（公元前 206—前 168 年）
尺寸：宽 3 厘米，长 15 厘米

该件衣物残片出自马王堆 3 号墓墓主人利豨西边厢“祱衣两笥”的竹笥内，所盛放的原是褐色菱形纹绮丝绵袍成衣。在菱形纹绮残片上，研究人员发现有成竖排列的篆书“安乐如意 长寿无极”的吉祥语句，这是目前已出土丝织品中所发现的最早用织机织入的成句文字。汉代人认为死是生的延续，这些吉祥话语表达了当时所流行的祝语与愿望，也同时印证了汉代人对于生命永恒和追求长生的期望。

“吕氏”五乳仙人禽兽纹铜镜

Bronze Mirror with Inscriptions and Immortals and Animals Designs

馆藏：湖南博物院
时代：东汉（公元25—220年）
尺寸：直径17.4厘米

汉代，升仙思潮大盛，与之有关的仙人、神兽、仙药等元素渐渐出现在人们的生活之中。铜镜作为百姓生活所需品，也成为了体现社会思潮的载体，这件“吕氏”作仙人禽兽镜正是表达人们祈愿升仙长生理念的真实写照。与镜背繁缛细密的仙人纹饰相对应的还有铸造铭文：“长保二亲宜孙子，辟去不羊宜古市，为吏高升居人右，寿如金石。”它们共同承载着人们对家人安康、生活幸福的美好祈愿。

① “长沙王后”铜博山炉

Incense Burner in Boshan Mountain Shape

馆藏：湖南博物院

时代：西汉（公元前 206—25 年）

尺寸：高 18.6 厘米，口径 11.4 厘米

② 铜博山炉

Incense Burner

馆藏：湖南博物院
时代：西汉（公元前 206—25 年）
尺寸：高 28.8 厘米，口径 8 厘米，盘径 23.5 厘米

①②

博山炉是汉代常见的居家焚香器具。炉盖高而尖，镂空，呈山形，山形重叠，其间雕有云气纹、人物及鸟兽。于炉中焚香，轻烟飘出，缭绕炉体，自然造成群山朦胧、众兽浮动的效果，仿佛传说中的海上仙山“博山”，因而得名博山炉熏炉。

①②

该组展品由日神羽人和月神羽人画像砖组成。日神画像砖画面中有一羽人，人首鸟身，头戴冠，冠上饰羽毛，腹部有一圆轮，轮中有金乌。月神画像砖图中有一羽人，头向左展翅飞翔，人首鸟身，头梳髻，腹部为一圆轮，轮中有蟾蜍、桂树。日神、月神展翅相向，尾羽长飘，汉代女性以日月神形象装饰墓室，寓意阴阳和谐、日月同辉、延寿成仙。

① 日神羽人画像砖

Brick Relief Depicting the Sun-Deity

馆藏：四川博物院

时代：东汉（公元25—220年）

尺寸：长25厘米，宽37厘米，厚6.5厘米

② 月神羽人画像砖

Brick Relief Depicting the Moon-Deity

馆藏：四川博物院

时代：东汉（公元25—220年）

尺寸：长24.8厘米，宽37厘米，高8.7厘米

西王母画像砖

Brick Relief Depicting the Queen of the West

馆藏：四川博物院
时代：东汉（公元 25—220 年）
尺寸：长 45.5 厘米，宽 40.3 厘米

在汉代，传说西王母是负责掌管“不死之药”的神仙，这与人们祈求升天成仙的思想相一致，因而无论是达官显贵，还是平民百姓，都信仰西王母。汉代朝廷曾多次主持“祭西王母”仪式，而且是由“二千石令、长奉祀”。这块西王母画像砖制造精美，西王母端坐于龙虎座上，周围分别有直立而舞的蟾蜍以及九尾狐与持灵芝的玉兔、执戟的“大行伯”、三足乌及拜谒的人像等，具有典型的四川地区风格。

辛追墓 T 形帛画
T-Shaped Painting on Silk from Xin Zhui's Tomb

馆藏：湖南博物院
时代：西汉初期（公元前 206—约前 163 年）
尺寸：顶端宽 92 厘米，末端宽 47.7 厘米，通长 205 厘米

帛画用三块单层细绢拼成，顶端横裹一根竹竿，上系丝带，可以张举；中部和下部四角各缀有青黑色丝质绦带，出殡时引作前导，入葬时覆盖在内棺上。帛画用笔墨和重彩绘画，画面从上至下分天上、人间和地下三部分。天上描绘金乌（太阳）、蟾蜍（月亮）、烛龙、飞龙和司阍（天国守门神）等；人间描绘轪侯夫人在三个侍女簇拥下缓缓升天，她的家人在祭祀的场景；地下描绘巨人托举大地的画面。整幅帛画用浪漫手法表现了古人对天国的想象和永生的追求。其构形布局完美，图像造型生动，色彩鲜艳和谐，具有极高的思想和艺术价值。

大理石女童肖像

Portrait of a Girl

馆藏：卡比托利欧博物馆
时代：公元 2 世纪中期
尺寸：宽 16 厘米，厚 18 厘米，高 22 厘米

大理石女孩胸像

Portrait Bust of a Girl

馆藏：卡比托利欧博物馆
时代：公元 2 世纪早期
尺寸：宽 35 厘米，厚 24 厘米，高 63 厘米

大理石少女半身像

Marble Bust of a Maiden

馆藏：卡比托利欧博物馆—蒙特马尔蒂尼中心
时代：公元 2 世纪中期
尺寸：宽33厘米，厚24厘米，高65厘米（含底座）

大理石年轻女性头部肖像

Portrait of a Young Woman

馆藏：卡比托利欧博物馆
时代：公元 80—85 年
尺寸：宽 25 厘米，厚 27 厘米，高 47 厘米

大理石女性头像

Marble Bust of a Woman

馆藏：多里亚·潘菲利别墅
时代：公元前 1 世纪晚期—1 世纪早期
尺寸：宽 20 厘米，厚 20 厘米，高 46 厘米（含底座）

大理石老年妇女肖像

Portrait of an Elderly Woman

馆藏：卡比托利欧博物馆
时代：公元前 50—前 40 年
尺寸：宽 27.5 厘米，厚 26 厘米，高 41 厘米

哺乳陶俑
Pottery Figure of a Woman Nursing Her Baby

馆藏：四川博物院
时代：东汉（公元 25—220 年）
尺寸：高 21 厘米

CONCLUSION

结 语

行步至此，已近尾声。

是否感受到温和与热烈、细腻与坚韧、内敛与博大。

但此刻，“物”是她们活过的痕迹，“思”是她们亘古的苍穹。

在历史的回声中，她们抓住每一段丝线、每一粒细沙、每一缕流风，将美好的情感铭记，将自己的过往镌刻。

既往的她们，即如现在的我们。

——

既是唯一，也是万象。

“You who are one and all.”

We've come this far, now nearing the journey's end.

Can you feel their warmth and passion, the gentle glow,

Their delicate strength, the vast, the restrained breath?

"Objects" trace the lives they've known, and "thoughts"

reach skies, forever their own.

In the echos of history, they carefully grasp every thread, each grain of sand, and every fleeting wisp of past winds,

Cherishing and engraving their deepest emotions, etching their histories into the fabric of time.

The women of past ages, much like us today, continue to weave and shape their stories, influencing the future in unique ways.

Academic articles

学术文章

解读两汉罗马时期的女性叙事
——“彼美人兮：两汉罗马时期女性文物展”的策划实践

许宁宁　黄晨曦　苏　好

2024年是长沙马王堆汉墓完成考古发掘50周年。50年前，来自全国各地的专家学者汇聚长沙，共同见证了马王堆3座汉墓的发掘盛况，3000多件珍贵精美的西汉文物惊艳现世，开启了中国考古史上多学科介入考古研究的新篇章。50年后的今天，在中国文物交流中心、中华文物交流协会、中国文物学会和湖南省妇女联合会的共同支持下，湖南博物院联合意大利罗马文化遗产监督管理局等19家国内外文博机构，于6月15日至10月7日隆重推出“彼美人兮：两汉罗马时期女性文物展”。展览精选了来自罗马博物馆联盟旗下10家博物馆收藏的彰显罗马帝国时期女性文化内涵的138件（组）展品，同时展出来自湖南博物院、河北博物院、南越王博物院、汉景帝阳陵博物院、北京考古遗址博物馆、四川博物院、成都博物馆、长沙博物馆、长沙市文物考古研究所等9家单位收藏的彰显汉代女性文化内涵的81件（组）文物，再现2000年前东西方文化中绚丽多彩的女性叙事，通过东西方文物对话的方式，揭示不同文化背景下女性们各美其美的文化特色和美美与共的理想追求。

一、策展理念和主题思想

女性主题展览是近年来文化界的一大亮点，多样化的艺术形式与内容所展现出的女性独特魅力与力量被观众津津乐道。此次展览我们聚焦两汉罗马时期的女性群体，以女性生命中的家庭生活、社会生活及情感生活三个主要生活场景为脉络，通过219件（组）展品，用实物呈现女性丰富的精神世界和女性力量，将已被符号化的女性还原到她们所属的社会、政治、文化空间中，揭开了历史中失落的女性叙事。在展览的尾厅，我们还以群像的形式来回顾女性的一生，在历史与现实的凝望对视中，继续找寻在文明光辉之下女性被赋予的鲜活的时代个性与使命。

汉王朝与罗马帝国作为东西方遥相辉映的国度，其所孕育的文明犹如夜空中互相闪耀的双子星，共同对人类社会的发展产生了极其深远的影响。在随后的几个世纪中，两大文明凭依丝绸之路，开始了对彼此的想象，文明之间的共性也被一次次地确认与阐释。“一花独放不是春，百花齐放春满园。”两汉罗马时期的她们虽然相隔万里，拥有不同的历史境遇与生命旅程。却以独特的方式，在历史的织锦中绣出了各自熠熠生辉、源远流长的文明图腾。

二、展览主要内容

本展览共展出来自两汉罗马时期女性相关文物 219 件（组），旨在用实物呈现女性丰富的精神世界和独有的女性力量。展览分为“怡然燕居”“巾帼风韵”“花好人团圆”三个单元，以女性生命中的家庭生活、社会生活及情感生活三个主要生活场景为脉络，再现 2000 年前东西方文化中绚丽多彩的女性叙事。

第一单元“怡然燕居”，主要围绕两汉罗马时期女性的家庭生活展开，我们选取了女性居家生活中“梳妆”“佩饰”“服饰”“住宅”“饮食”“乐舞”六个板块，通过文物之间的交流，深入洞察彼时女性在“家庭”这一单位中看似渺小却格外伟大的力量，以及她们对美好生活的独特理解和匠心创造。

当这幅绘有东西方女性居家情景的画卷被徐徐打开，我们会向观众描绘出一幅东西方女性居家情景的生活画卷，我们会看到早起懒梳妆的她们，依旧睡意蒙眬；会看到梳洗后琳琅环佩的她们，衣袂飘飘，顾盼生辉；会看到参加宴会时局促中夹杂些许兴奋的她们，又可以轻吟浅唱，

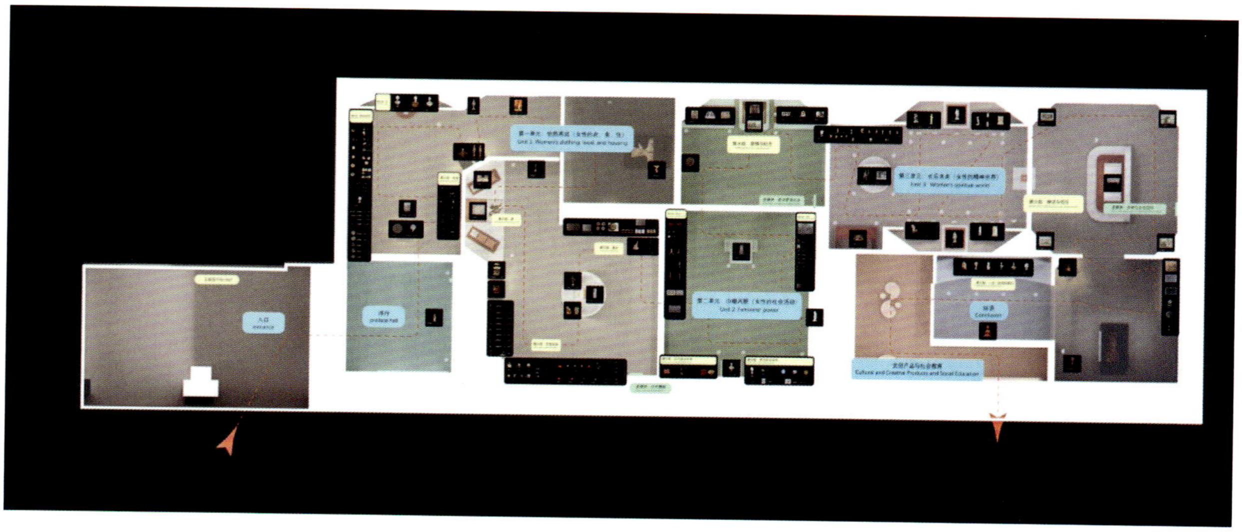

图一　展厅平面图

落落大方；还会看到闲暇之时的她们，轻挥团扇，笑语盈盈，沉浸在娱乐嬉戏的忘我快乐中。

第二单元“巾帼风韵”，主要聚焦于东西方女性在社会生活中的多元角色和所做贡献。无论是庙堂之上的贵妇，还是江湖之远的平民女性，她们都以各自的方式，为社会的繁荣与进步贡献着力量。在分组上，依据汉代贵族女性、罗马贵族女性以及普通女性不同的社会角色分为三组，既可以厘清东西方贵族女性的社会属性的不同，又可以找寻东西方女性所参与社会活动的共性。

在繁荣的商贸与多元文化的加持下，汉代与罗马女性得以在更广阔的天地展翅翱翔。她们不再囿于家庭琐事，而是积极投身社会生产与生活，展现着别样的风采。上层贵族女性利用自身优势和社会资源，跻身于女性力量薄弱的政治领域，拨动历史的转盘；平民女性则在有限的社会资源下，积极从事生产活动，织机上的一经一纬随着丝路走向更广阔的天地，在医学、手工业、商业等多个社会经济领域定格永恒的女性背影。

第三单元“花好人团圆”，我们将跟随汉代与古罗马女性的心迹，沉浸在一段关于爱情与婚姻的跨时空对话之中，感受她们对浪漫情感和美满婚姻的深深期盼与执着追求。对神祇的祭祀与祈愿也是女性情感的主要表达方式之一，在祭坛的烛火间，她们诉说着对自己人生的期盼和愿望，以及对美好生活永恒不变的纯真向往。

在单元分组上，主要围绕“婚姻与爱情”以及“祈愿”两组展开。在古罗马，婚礼仪式被女性所珍视，被视为婚姻双方爱情的见证，是两人共筑家庭的开始。在汉代，女性爱情佳话为世人所铭记，卓文君与司马相如私奔的故事成为后世女性大胆追求爱情的典范。也许对爱情的向往，对恋人的思念，以及对家人的祈愿，才是女性内心世界中最真实的情感独白。走近她们，会发现那细腻如水的思绪，炽热如火的情感以及温柔善良的美。

三、亮点与特色

为了更好地再现罗马时期的女性生活图景，罗马博物馆在星辉璀璨的罗马城中，撷取了10家博物馆、美术馆的138件（组）珍品，且所有展品均为首次来华，其中有部分作品自建馆以来从未赴外展出。现在它们跨越山海，在长沙静候，与中国观众相遇。与此同时，我们也与国内8家文博单位合作，汇集了来自满城汉墓、渔阳王后墓、南越王墓、大葆台汉墓、汉景帝阳陵、陡壁山1号汉墓以及马王堆汉墓等汉代贵族墓葬的81件（组）文物珍品，共同打造汉代女性瑰丽多彩的生活画卷。

（一）内容、结构鲜明，逻辑层层递进，条理清晰

首先，结构上注重各单元之间的衔接，以东西方女性生命中的家庭生活、社会生活以及情感生活三个主要生活场景为脉络，以女性具体的活动要素为内容，结构紧凑，逻辑清晰，一目了

图二　东西方女性宴乐舞蹈文物一组

图三　东西方女性纺织相关文物一组

然。其次，在每个单元的内容安排上，按照器物的属性进行分组，探寻东西方文物之间的共性，弥合文化带来的差异，努力营造东西方女性鲜活灵动的生活场景。

（二）在内容构思环节中重视吸收新的学术成果，注重文物的组合、解读，强调从知识性、科学性、艺术性三方面去解读展品

1. 器物按属性分组。本展览不同于以往的单一类型的器物展，文物在分组之时首先考虑的不是器物的类别，而是其属性是否契合策展理念。例如，铜镜一项，整个展览共展出汉代铜镜 9 面、罗马帝国时期铜镜 1 面，因所需要表达内涵不同，9 面铜镜分别在 5 个展柜展出，以承载女性思想中不同的理念，这也是本次展览的独特之处。

2. 注重东西方文物对比解读。本展览在展陈时着重对比了两汉罗马时期同类型、同属性的文物，对于类型相同的器物进行统一展陈，同时在文物说明中对此类器物的共性与差异进行解读，既有助于观众更好地理解两千年前东西方文明间的交流与互动、碰撞与融合，又可以引导观众主动思考，找寻内蕴于东西方女性间相通的审美意趣与价值追求。

3. 以实物和生动的图文版面相结合的方法阐述东西方女性的所思、所用、所爱、所喜。特别是在展览的第一单元中，借助实物与图文版面的互动，可以帮助观众对东西方女性的家庭生活内容有更加直观清晰的认识。

（三）提炼学术价值，突显东西方女性的审美意趣与文化交流

学术价值的提炼是每个展览的根本，也是每个展览的灵魂所在，是贯穿于展览始终的一条

暗线。我们在策展的过程中，把握住了以下几点：

1. 陆上和海上丝绸之路上的玻璃、纺织品是东西方文明交流传播的重要媒介之一。

2. 两汉与罗马最具代表性的交流符号便是“丝绸之路”，抛开丝绸之路研究的传统范式，我们从妇女史的角度，也可以了解到关于女性与纺织、女性纺织与商业、女性纺织与艺术以及与丝绸之路之间的关系。

3. 从生活化的女性视域出发，东西方女性在家庭、社会活动中所展现出来的生活方式与审美意趣具有很大的共性。但是，因东西方的文化内核不同，东西方女性在精神层面的观照就差异明显。

4. 马王堆汉墓的最新发现与研究成果首次对外展出。在马王堆3号墓西边厢“帨衣两笥”的竹笥内，所盛放的原是褐色菱形纹绮丝绵袍成衣。在菱形纹绮残片上发现的成竖排列的篆书“安乐如意 长寿无极”的吉祥语句，是目前已出土丝织品中所发现的最早用织机织入的成句文字。汉代人认为死是生的延续，这些吉祥话语表达了当时所流行的祝语与愿望，也同时印证了汉代人对于生命永恒和追求长生的期望。

5. 以物证史。文物上关于女性的图像与符号，让我们看到了，纵使历史记述的稀缺性是妇女史研究的一大难题，但是物证本身讲述的故事或许更加真实，更是我们了解两汉罗马时期女性

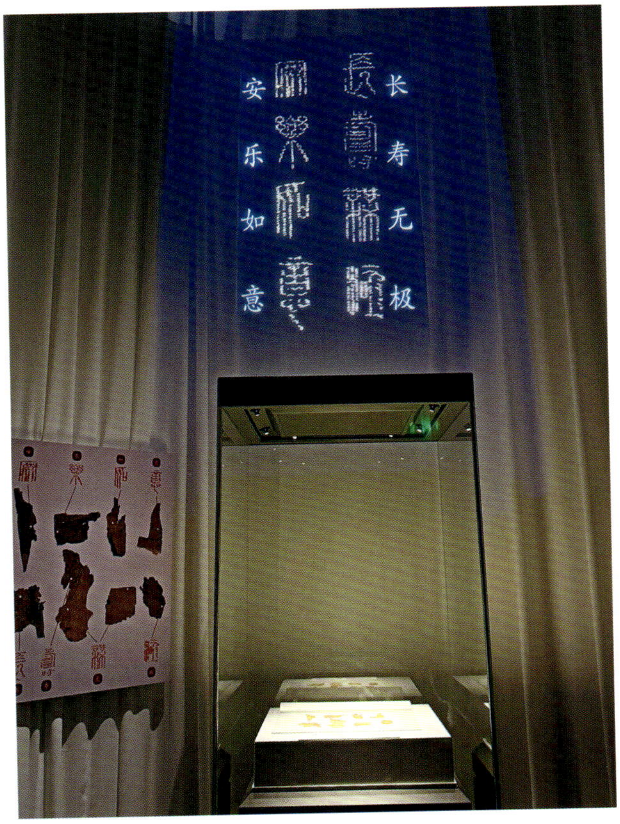

图四　展厅中菱形纹绮残片展示情况

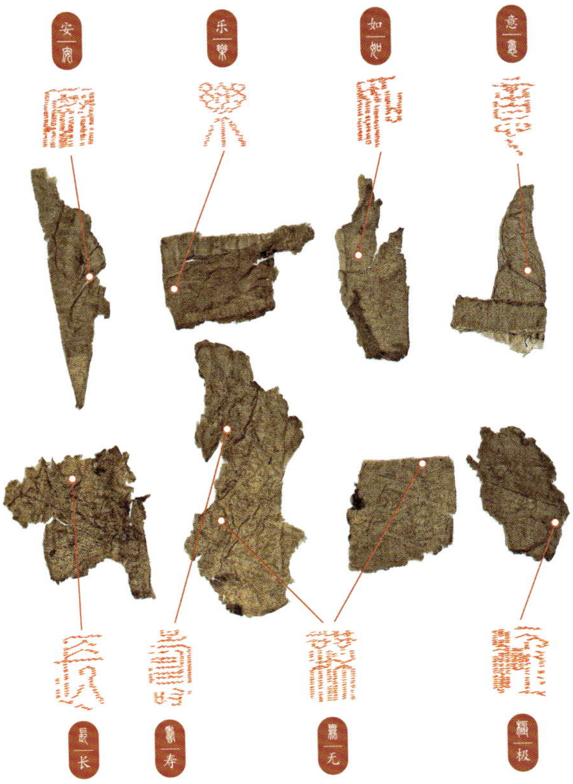

图五　“安乐如意 长寿无极”文字图示

的重要切入口。同时，展览中除了画像砖上的图画、女性陶俑、造型丰富的大理石雕塑外，还有一类展品从“物”而非“像”的角度，给我们提供了讲述女性、思考女性历史身份的机会，这其中包括祭品、织物以及种类繁多的实用器。

（四）艺术设计简洁明快，独具匠心

本展览在艺术设计时为了突出女性展的特色，在展厅配色上我们特意选取了代表静谧庄重的白色和热情活泼的红色。当您步入展厅时，不再是灰暗沉闷的色调，一股简洁明快之感迎面而来。

展线安排流畅，展柜与裸展文物相映成辉。在重点文物和裸展文物周围还会悬挂白色纱帘，纱帘上印制着与文物相关的文字、图案，进行辅助展陈。纱帘质地轻柔，微透光，既起到了分割空间的作用，又营造出一种飘逸灵动的氛围感。

满足观众打卡需要。我们在进行空间设计时，也关注到了观众的拍照打卡需求，所以展览在灯光布置与空间搭建时特意设计了多处光影空间，既可以呈现文物的华丽精美，又可以为观众留下美好的回忆。

图六　“萨福式”大理石方柱形头像背后的纱帘

图七　丽达与天鹅大理石雕塑背后的纱帘

空间创意与主题氛围相协调。此次意方展品中有许多大理石人物雕像，展览设计时对其中两尊重要的女性雕像都专门进行了空间设计和氛围营造（图九、图十）。针对第三单元中十数件古罗马女神雕塑和祭坛，我们专门进行了空间设计，通过文物分列展陈和光影投射的方式，力求营造出庄严肃穆的氛围。当观众漫步其中，诸神分立两侧，宛如身处万神之殿，典雅庄重（图

十一）。

序厅展墙设计精益求精。序厅作为整个展览的第一幕，仅靠展陈文物很难把策展理念传递给观众，这就需要对展墙上的图片内容进行专门的设计。为此，我们精心设计了这幅展墙图片（图十二），以此为引，向观众传递东西方女性之间的交流与互动。从内容上看，我们精挑了两位衣袂飘飘的女神，一位是来自《洛神赋图》中的洛神甄宓，一位是来自庞贝古城壁画中的花神芙罗拉。两位女神一东一西，交相辉映，连接她们的是下方潺潺的流水，象征东西方文明间的交流与互动。中间的文字节选自古罗马作家老普林尼的《自然史》，讲的是古罗马人眼中的中国为赛里斯，意为丝国、丝国人，因盛产丝绸而闻名。正好与两位衣袂飘飘、襟飘带舞的女神相呼应，与东西方文化间的交流互动的理念相契合。

图八　专为观众拍照打卡设计的窗户

图九　戴头纱的贵妇人大理石雕像

总之，本展览无论从内容策划，还是艺术设计上，都突出了主旨鲜明、别具一格的特色，为观众开启了一场精美绝伦的心灵和视觉的双重体验。

女性群体，无论在什么时代，都是世人津津乐道的话题热点。在汉王朝与罗马帝国的繁盛之下，女性生命图景呈现出新的风貌。她们，慧心巧思，用指间经纬编织出连接两大文明的桥梁；

图十　莉薇娅大理石雕像

图十一　第三单元众神与祭坛

她们，颠覆刻板，在各个领域挑战新的角色，塑造新的传统；她们，神采奕奕，于平凡中点亮不凡，寻找着万物可爱的小确幸。她们，鲜活而昂扬。她们，存在；我们，寻觅。

让我们走进展厅，走入历史的另一种叙事，与当时的她们相遇。去见证，当文明的星光弥漫历史的苍穹，她们是如何在璀璨却脉脉难言的生命历程中，于须臾之间，为我们留下永恒的力量。

图十二　序厅展墙图片

古罗马女性的角色和地位

克劳迪奥·帕里西·普雷西切

历史总是由男性书写。在古代，男性通常被认为是主导历史事件的角色，这些事件相互关联，决定了政治共同体的出现、发展、鼎盛和衰亡。

然而，自《荷马史诗》以来，女性同样被描绘为许多历史大事件背后的推动力量：海伦、赫库芭、安德洛墨达、布里塞伊斯、佩内洛普、卡吕普索、喀耳刻、瑙西卡、欧律克勒亚，以及伊萨卡宫殿中的侍女们。此外，还有特洛伊战争中愤怒的天后赫拉对希腊人的帮助，以及在“足智多谋”（polytropos）的希腊英雄奥德修斯的漫长归家旅途中，智慧女神雅典娜给予他的偏爱和守护。

在古罗马诗人维吉尔的史诗中，阿佛洛狄忒对凡人男性而言所拥有的超凡魅力使得安喀塞斯与她坠入爱河。安喀塞斯是埃涅阿斯的父亲、阿斯卡尼乌斯－尤卢斯的祖父，他们都是罗马人传说中的先祖。女神与凡人的结合早已暗示了命运的未来走向，预示着那七丘之上、台伯河弯曲处、临近第勒尼安海河口的小城市（罗马）在未来会蓬勃发展。

希腊历史学家对女性的描述很少，她们通常与儿童、老人和奴隶一起被归入战争受害者的群体之中，而只有在她们所做出背离常规的行为（stàsis）威胁到既定秩序时，才能体现出一些主观能动性。所以说，女性在史书上留下的微弱痕迹并非源于她们自身，而是来自男性视角。那些男性统治着城邦、撰写他们的历史，并负责管理和维护历史档案。关于女性的思想、行为和言论的主要记录，均受到男性掌权者统治下的历史学家所采用标准的限制，这些标准通常对私人生活漠不关心，几乎仅专注于公共领域，而在那一时代女性甚少在公共领域出现。

古希腊罗马作家普鲁塔克在《论女性的美德》中告诉我们，昔兰尼的阿瑞塔菲拉先后从两位暴君手上解放了她的城市，随后她回到家中的女性居住区（gynaeceum），余生都在那里进行纺织工作。同样，特洛伊女性在台伯河口烧毁了船只，以结束她们的人民无休止的流浪，之后她们跑去亲吻丈夫，以弥补自己大胆的行为。

关于女性翔实历史信息的稀缺性和不可靠性，与群体本身丰富的图像形成了鲜明的对比。然而早在被描述或叙述之前，女性就已经被表现在图像上了。在公元前6世纪和公元前5世纪雅典人绘制的阿提卡花瓶上的场景、公元前5世纪晚期引入的阿提卡式的墓碑场景，以及女性形象出现在其崇拜家人中的奉献浮雕上，有时会出现有酒祭碟（phiale）或酒壶（oinochoe）进行酒奠的场景。这些场景并非描绘日常生活，但我们可以通过仔细分析这些图像来捕捉到一些关于女性生活的信息。

古罗马时期，由最高祭司选定的维斯塔贞女（Vestal Virgins），最初为四人，后增至六人，她们负责维护常年不熄的圣火，并准备一种用粗麦粉制成的被称为“咸面包”（mola salsa）的特殊面包用于分发。正如西塞罗在《论神性》第2卷第27章中所述，这一仪式是为了祭拜维斯塔女神（Vesta），其官方庙宇是罗马广场的圆形维斯塔神庙（Aedes Vestae）。维斯塔贞女除了履行她们的主要职责外，在某些时候她们还会被委以照看象征贞洁和勤劳的帕拉丁神像（Palladium）的责任，该神像由埃涅阿斯与家神（Penates）一起带到罗马，并在同一座神庙中受到人们祭祀。维斯塔贞女在国家圣火处的职能与家庭主妇在炉灶旁所承担的角色类似，因此，在6月7日至15日的维斯塔利亚节（Vestalia）期间，只有女性可以执行用泉水净化神庙的仪式。

在婚礼仪式中（目录编号160），一种未经同意的诱拐，成为了新娘从一个家庭转移到另一个家庭的标志，同时这也暗示了婚姻关系的某种习俗结构，就如同分娩和生育的场景一样（目录编号152），这些都指出了女性在家庭生活中的特定角色。同样，在一个对劳动价值漠不关心的社会中，比起时有时无的女性雕塑，女性作为纺织者，抑或是通过妆造反映出的美丽形象（目录编号203）更能代表人们对女性的看法以及传统观念中她们所应具备的道德准则。

保存下来的与女性活动场景相关的文物揭示了男性视角所关心的方向，所以这种视角也决定了她们以何种形象呈现。这些图像和物品首先通过展示她们的身份和职责来定义女性：在成为新娘之前被放弃的玩偶（目录编号118和119）和儿童时期的物品；纺织时使用的织布机配重和纺轮（目录编号137—142）；用于点缀时髦发型所使用的装饰有形象主题（如丘比特和普赛克）的发簪（目录编号27—30）、假发辫或假发。

为女性预留活动的空间往往是在家中。家庭住宅（domus）（目录编号66）的家具，虽然几乎总不被人提起，但它们却在向我们诉说着女性在家中的生活，她们在卧室、餐厅和盥洗室里，在奴隶的帮助下度过的时光：带有装饰的家具支撑（trapezophores）、火盆、盆（目录编号97）、瓶、盘、锅、罐、双耳瓶、提桶、杯、玻璃器、勺子、平底锅（目录编号91、92）、擦菜器（目录编号90）、灯台（目录编号75、76）和油灯（目录编号68—72），这些物品构成了对于女性日常生活的记录。对于贵族女性而言，有时她们可以有超越普通女性的社会角色，比如享有社会声誉的商人，在另一些情况下，她们也从事着与男性相似的职业，多数同医疗、商业领域相关。

在官方对女性角色的定位下，家庭美德成为了她们实现自己美德的唯一途径，很显然这些美德的践行往往只能通过女儿、妻子或母亲的身份才能得以实践。在这样的背景下，古罗马女性自然也无法想象她们如何去扮演身份显赫的社会角色。在古罗马世界，经常被标榜为女性理想典型的是卢克丽霞（Lucretia），她在被罗马第七任国王塔奎尼乌斯·苏培布斯的儿子强奸后，因羞愤而自杀。另一个楷模是科内利亚（Cornelia），她是“珍宝”格拉古兄弟的母亲。传奇女性英雄克洛伊莉亚（Cloelia）通过一次决绝的冒险从伊特鲁里亚国王的掌控中逃脱，这个故事被认为是有关母系社会的最后遗产，也许是对神话中的亚马逊女战士的追忆。

在一个父权制社会，女性显然是不自由的。家长（pater familias）对于家庭中的女性拥有广泛的权利，他们可以殴打他们的妻子和孩子，即使导致对方死亡也被理解为他们在行使惩戒权（ius corrigendi），又或者是通过亲吻妻子来检查她是否饮酒，这依然是一项家长式架构下对女性进行控制的特权（ius osculi）。然而，在共和国末期到帝国时期，随着氏族（gentes）的发展，女性的处境发生了一些改变，她们在一定范围内享有了相对的自由。她们可以独自观看戏剧和参与宗教仪式，也享受部分对于家庭财产的继承权和管理权。作为帝国皇帝身旁的女性群体，即奥古斯塔（Augustae），她们以皇后或皇室成员的身份受到敬仰。她们受到敬仰的原因不仅仅是因为她们所具备的家庭美德，也是因为她们作为政治顾问所体现出的卓越能力。

在共和国的最后一个世纪中，塞姆普罗尼娅（Sempronia）、富尔维亚（Fulvia）和塞薇利娅（Servilia）都在政治事件中都扮演了重要角色。塞姆普罗尼娅是盖约·格拉古的女儿，也是喀提林的支持者，喀提林依靠她和她的女性朋友们为政治行动进行贿赂并挑起攻击。古罗马历史学家撒路斯（Sallust）因此对她们给予了相当不好的评价。富尔维亚则是塞姆普罗尼娅的对手，她是西塞罗在实施喀提林的阴谋中的得力助手。塞薇利娅则是尤利乌斯·凯撒多年来的情人，她与凯撒育有一子，即马库斯·尤尼乌斯·布鲁图斯（Marcus Junius Brutus）。关于凯撒与布鲁图斯的血缘关系，可以在凯撒临终时候的遗言中得到一些证实：“tu quoque Brute, fili mi!（布鲁图斯，你也是，我的儿子！）”

克利奥帕特拉七世（Cleopatra）在亚历山大城接受了良好的教育，她文化修养深厚、通晓多国语言，具有明显优于其兄弟兼丈夫托勒密十四世的智慧和勇气。她以其独特的身份在古罗马的历史中留下了浓墨重彩的一笔。作为埃及的女儿，她出身于托勒密王室，法老的身份代表了埃及文明中最具权威的仲裁者，所以也可以说作为法老的克利奥帕特拉是古代世界中最重要的女性掌权者之一。纵观古埃及历史，在没有男性统治者的情况下，女性也有机会成为权力的中心，但这往往仅仅是个例，并且这些女性法老被迫在佩戴象征王权的假胡须后才能示人。克利奥帕特拉所遇情况则大不相同，为确保血统的神圣性，她先是嫁给了自己的兄弟；在他去世后，她又嫁给了自己的弟弟；但她很快意识到历史的潮流正在悄然流转，她最终选择站在了历史上最重要的男性身边。罗马人不喜欢她所带有的东方奢华感，但尤利乌斯·凯撒还是带着她和他们的儿子"小凯撒"来到罗马。而在这一切发生时，凯撒并没有与因谦逊而广受人民喜爱的妻子卡尔普尼娅（Calpurnia）离婚。在凯撒被暗杀后，克利奥帕特拉即刻返回埃及，并与马克·安东尼一见钟情。在莎士比亚笔下，安东尼说道："但你的王权 / 让闲散成为你的臣民，我本会将你 / 看作闲散本身。"然而，安东尼与克利奥帕特拉的双双自杀殒命或许说明，安东尼在阿克提姆战役兵败于屋大维后，无法接受失去克利奥帕特拉的结果，但另一方面，克利奥帕特拉同样不愿意在屋大维的凯旋仪式中被羞辱。莎士比亚深知这场公元前 31 年发生在伊奥尼亚海的阿克提姆战役标志着希腊化时代向罗马时代的转变，也是希腊文化与拉丁文化的分野，同时更开启了罗马帝国长达五个世纪的统治。因此他笔下的屋大维说道："重大的事件 / 终将毁灭那些始作俑者。"

最初的王朝属于儒略 - 克劳狄（Julio-Claudian）家族（gens），这是被神化的屋大维·奥古斯都竭尽全力所建立的王朝。屋大维声称自己是虔诚的埃涅阿斯的后代，并通过埃涅阿斯让自己与维纳斯建立血缘关系。在这一时期，一些皇室女性因为血缘与代际的关系，获得了难以想象的权力。凭借与奥古斯都的关系让她们获得了一定的地位，她们的政治行为在复杂的皇室家族关系中起到了决定性作用，这些举动的最终目的都是将她们的儿子或者丈夫推上更高的政治舞台，然而这些举动往往需要以牺牲其他皇室男性成员的利益来达成。莉薇娅（Livia）（目录编号 126）是奥古斯都的最后一任妻子。在马赛卢斯（奥古斯都姐姐小屋大维娅的儿子）、阿格里帕（奥古斯都唯一女儿大朱莉亚的第二任丈夫）、大朱莉亚的儿子盖乌斯与卢修斯·凯撒（他们被祖父奥古斯都收养）以及阿格里帕·波斯图穆斯（被放逐后处死）去世后，莉薇娅的儿子提比略终于登上了王位。作为日耳曼尼库斯的儿子，莉薇娅的曾孙，卡利古拉于公元 37 年至 41 年在位。本来，日耳曼尼库斯的儿子也在皇位的继承人序列中，但他英年早逝。卡利古拉的母亲是大阿格里皮娜（Agrippina the Elder），后者是阿格里帕与朱莉亚的女儿，即奥古斯都的孙女。大阿格里皮娜是位诚实、坚韧且拥有政治理想的女性，但她还并未看到自己的儿子登上皇位，就在流放中去世。克劳狄乌斯（公元 41—54 年在位），是日耳曼尼库斯的兄弟，他的第三任妻子是梅萨利娜（Messalina），根据古代历史学家（从塔西陀到老普林尼）的描述，梅萨利娜的情人不计其数。据罗马讽刺诗人尤维纳利斯叙述，梅萨利娜甚至在夜间也会在妓院里与情人幽会，而克劳狄乌斯起初似乎不愿承认她的行为。克劳狄乌斯的第四位结婚对象是他的侄女小阿格里皮娜（Agrippina the Younger），即卡利古拉的妹妹。小阿格里皮娜第一次婚姻中所生的儿子尼禄，在他母亲的帮助下，年纪轻轻就成为了皇帝（公元 54—68 年在位）。在克劳狄乌斯和梅萨利娜的儿子不列塔尼库斯相继去世后，由于尼禄不满母亲对政治事务的干涉，尼禄最终杀害了他的母亲。

告密、阴谋和煽动刺杀这些行为在政治斗争中往往是不太光彩的符号，而在上述事件中，这些情况往往伴随着对事件中不端行为的指控而被进一步放大，且根据浩如烟海的文学资料中的记载可知，人们又习惯性地将这些指控归咎于女性，从而形成了对女性难以消除的政治偏见。

相比之下，庞培亚·普洛蒂娜（Pompeia Plotina）（目录编号 132）具有鲜明的正面形象，她是罗马皇帝图拉真（公元 98—117 年在位）的妻子。她是一个具有伟大品格的女性，她支持文化、艺术事业，并钟爱哲学。她因一句“我欲以别时之我，踏入此处”，而名留青史。她坦然地接受了奥古斯塔（Augusta）的称号，并始终以低调的姿态陪伴在丈夫身旁。这些行为都使得她在图拉真去世五年后去世时，骨灰与丈夫合葬。尽管她非常低调，但她仍在权力更替到哈德良（图拉真的继任者）皇帝的过渡期内发挥了关键作用。哈德良为普洛蒂娜奉献的赞美诗和神庙都体现了他对普洛蒂娜的尊敬。在玛格丽特·尤瑟纳尔的《哈德良回忆录》中，哈德良这样说道：“我的敌人指责普洛蒂娜利用皇帝的临终时刻，让这位垂死之人写下了将权力传给我的几个字……她非常清楚在国家面临危机时不采取决策的危险。我非常尊重她，我坚信如果谨慎、常识、公共利益和友谊都促使她这么做，她或许会接受要设下一个必要的骗局。”

来自叙利亚（罗马行省）的尤利亚·多姆纳（目录号 133）是未来皇帝塞普蒂米乌斯·塞维鲁斯（公元 193—205 年在位）的第二任妻子，两人育有两个儿子：卡拉卡拉和盖塔。起初多姆纳远离政治舞台，致力于她所爱的学术研究，围绕她的是一群学者，与她探讨宗教、哲学和文学。而当她的丈夫去世后，帝国由她的孩子们共同继承，但卡拉卡拉杀谋害了他的兄弟盖塔，盖塔最终死在母亲的怀中。在这场袭击中，她的手也受了伤。也是从那时起，多姆纳承担起了对国家的治理工作，当然这有一部分的原因是出于卡拉卡拉给予她荣誉后所秉持的责任感。公元 217 年卡拉卡拉去世后，她见证了这个她倾注心血所建立的家族的崩溃，最终她选择绝食而死。

在塞维鲁家族中，来自叙利亚（罗马行省）的尤利亚·玛麦亚（目录编号 135）也扮演了重要的角色，她以谦逊、谨慎和对王朝的忠诚而闻名。她是尤利亚·玛伊莎的女儿，而玛伊莎正是尤利亚·多姆纳的姐姐。在尤利亚·多姆纳去世后，马克里努斯统治了十四个月（公元 217 年 4 月—218 年 6 月），其后由她妹妹尤利亚·索艾米亚斯的儿子埃拉伽巴路斯（公元 218—222 年在位）进行短暂的统治，由于他统治期间的无能，导致了禁卫军对他的暗杀。此时，玛麦亚成功地让她的儿子亚历山大·塞维鲁（公元 222—235 年在位）登上皇位。这时的塞维鲁已经被埃拉伽巴路斯收养，由于他仅有十四岁，他的母亲被任命为“帝国共治者”（Consors imperii），纵观整个帝国历史，也只有尤利亚·玛麦亚有此殊荣。

玛麦亚与她的儿子共同参与军事行动，这一习俗从由尤利亚·多姆纳时期就已经开始，与后者一样，玛麦亚在公元 224 年被授予“营地之母”（mater castrorum）的称号。两年后，又被授予了“元老院之母”（mater Senatus）和“世界之母”（Domina mundi）的称号。最后，在公元 228 年，她被授予与皇帝同样的“祖国之母”（mater patriae）的称号。玛麦亚拥有众多头衔，仿佛与她儿子之间的角色发生了颠倒一般。

卡比托利欧博物馆拥有一座气势恢宏的阿提卡大理石石棺，该石棺出土于塞维鲁家族的豪华墓地。石棺盖上有一对贵族形象，为亚历山大·塞维鲁斯及其母亲。

在丧葬方面，我们似乎能寻觅到更多女性存在过的痕迹。丈夫和儿子们往往通过献给她们的骨灰瓮、墓碑和墓志铭来表达对已故妻子和母亲的追思之情。在这些追思之物上，记录着她们的姓名、年龄以及后人对其生平过往的怀念。这样的形式，不仅仅是对女性美德的歌颂，更是通过强调其“功绩卓著（benemerenti）”的特质增强了生者对于她们的认可与追忆。但在另一方面，这样的行为也成为了男性争取社会声誉和公共权力的宣传工具。

这一点可以从公元前 2 世纪末的一批宏伟墓葬中得到佐证，这些墓葬大都分布于罗马等大型城市，位置集中在城市主干道延伸后的城外。在这一阶段，恢宏的墓葬不再是少数人的特权，不少家族也有资源去扩大墓葬的规模并提升装潢质量。广为人知的塞西莉亚·梅特拉的陵墓（目录编号 162）静静矗立在罗马阿庇亚大道旁。陵墓上雕刻的武器和战利品昭示着这个家族的社会地位，而铭文上的内容将直接向世人赞颂这一切。相对鲜为人知的是同样位于阿庇亚大道旁赫罗狄斯·阿提库斯别墅中被植物覆盖的一座陵墓，这个陵墓是由元老院中享有盛誉的希腊贵族赫罗狄斯·阿提库斯为其妻子安妮亚·雷吉拉（Anna Regilla）（目录编号 164）修建的。安妮亚·雷吉拉出身于罗马的一个贵族家庭，她从小获得了良好的教育，并坐拥丰富家产，还是罗马皇帝马可·奥勒留（公元161—180年在位）的妻子小福斯蒂娜的表亲。根据雷吉拉兄弟的描述，雷吉拉在160年，怀胎八月之时，她被受她丈夫指使的一个自由民杀害了。而在这种历史语境下，雷吉拉虽被埋葬在了阿提卡，但这座陵墓其实是一座衣冠冢，倘若如此思考，这座纪念性的陵墓就成为了阿提库斯虚伪的象征。

在女性信仰的方面，我们可以通过在神庙中发现的祭品，尤其是那些献祭给有关健康神和保护生殖与生育的女神的供品，窥见女性生活的一些片段。一些在罗马城市境内发现的与解剖学相关的祭品描绘了身体的器官（可能也包括子宫，目录编号 182—184）。这些祭品连同献给医药女神密涅瓦（Minerva Medica）的小雕像一起，证明了女性献祭供品的原因以及古罗马时期女性对生育的焦虑。

这些祭品一般是在誓愿完成后被献祭的，这很可能代表奉献者的愿望已经被实现。因此奉献者认为自己是“誓愿的受保护者”（damnati voti），因为愿望已经实现，他们必须要履行之前的誓言，以回馈祭品这种有形的形式，报答给予自己帮助的神。“誓言的履行”（solutio voti）则更为正式，相当于对于契约的履行，这往往需要通过正式的祭品献祭或金钱捐赠来完成。在这个信仰背景下，人们首先向神灵许愿，在愿望得以实现后再报答神灵。

因此，献祭祭品的原因并不是在祈祷健康长寿，而是针对性的祈祷病痛的部分可以获得康复，如四肢、外部或内部器官等。正因如此，为了确认通过向神灵祈求这一方式可以获得良好的疗愈效果，祭品往往是在特定的治愈请求（votum pro valetudinem, votum pro aegro）实现后被献祭。

The role and position of women in ancient Rome

Claudio Parisi Presicce

History is mostly written by men. In ancient times, it was men who were usually credited with the leading role in the events that, linked together, determined the emergence, development, conquest and destruction of political communities.

Ever since the Homeric poems, however, women were represented as the moving spirits behind many of the events narrated: Helen, Hecuba, Andromeda, Briseis, Penelope, Calypso, Circe, Nausicaa, Eurycleia, the handmaidens of the palace in Ithaca. Not to mention wrathful Hera and the loving protection of the goddess of wisdom Athena extended to the Greek hero "of multiform ingenuity" (*polytropos*).

Then in Virgil's saga, Aphrodite's power to seduce mortal men led to her liaison/love affair with Anchises, the father of Aeneas and grandfather of Ascanius-Iulus, foreshadowing the destiny that led to the great future development of the small city founded on seven hills, near the bends in the Tiber, not far from the river's mouth in the Tyrrhenian Sea.

Greek historians, however, say little about women, lumping them together with the general group of victims of wars with children, the elderly and slaves, who only exceptionally show their initiative, when their secession (*stàsis*) threatens the established order. The faint traces women have left come not so much from themselves as from the gaze of the men who governed the city and preserved its memory, who administered and tended its archives. The primary record of what women thought, did, and said was mediated by the criteria adopted by the historians of those in power, usually indifferent to private life and almost exclusively concerned with the public realm, where women rarely appeared.

Plutarch (*De mulierum virtutes*) tells us that Aretaphila of Cyrene liberated the city from two tyrants, one after the other, then returned to the gynaeceum (the women's part of the home) and spent the rest of her days working with her needle. In the same way, the Trojan women burned the ships at the mouth of the Tiber to stop the endless wanderings of their people, and then ran to cover their husbands with kisses to make amends for their daring.

The rarity and unreliability of concrete and detailed historical information about women, however, contrasts with the abundance of images. Women are represented before they are described or recounted. The scenes decorating Attic vases painted in Athens in the 6th and 5th centuries B.C., the scenes on funerary stelae derived from the Attic model introduced in the late 5th century B.C., and votive reliefs in which female figures appear in the midst of their adoring family, sometimes performing libations with a *phiale* or *oinochoe*, do not depict scenes of everyday life, but we can grasp something of women's lives by carefully analysing such images.

In Rome, the Vestal Virgins chosen by the Pontifex Maximus, originally four in number and later six, spent thirty years tending the perennial fire and preparing a special bread made from emmer flour called *mola salsa* for distribution. The cult of the hearth was dedicated to the goddess Vesta (Cicero, *De natura Deorum*, II, 27) and had as its official temple the round Aedes Vestae in the Roman Forum. In addition to their principal duties, for a certain period she was entrusted with the care of the Palladium, a symbol of chastity and industriousness, brought to Rome by Aeneas with the Penates and venerated in the same temple. The function of the Vestal Virgins at the hearth of the state was considered similar to that exercised at the domestic hearth by the *mater familias*, and therefore during the period of the festival of *Vestalia*, from 7 to 15 June, only women could perform the rite of purifying the temple with spring water.

In the marriage rite (cat. 161), the insistence on the transfer of the bride from one house to another – a kind of abduction without consent – suggested a certain customary structure of marital relations, as did the scenes of childbearing and birth (cat. 152). They indicate the specific role of women in the life of the family. Likewise, rather than the sometimes shapeless sculpture of a body, almost absent, the depiction of woman as spinning, in a society indifferent to the value of work, or the image of beauty reflected by ornament (cat. 31) represent the perception of women and the traditional conception of their virtue.

The artefacts preserved from the ancient world related to the setting in which women were active reveal the direction of the male gaze that determined their representation. The images and objects define women, in the first place, by representing their place and their duties: the renunciation of the doll (cat.

118/119) and the objects of childhood before becoming a bride; the loom weights and spindles used in spinning (cat. 137-142); hairpins, mirrors, combs, spatulas, tweezers, cistae, pyxides and ointments for bodily care (cat. 2-16) ; bracelets, rings and jewellery to adorn the face and limbs (cat. 24/25/26/32); wigs, false locks of hair, and hairpins often decorated with figurative subjects (Cupid and Psyche) (cat. 27-30) for fashionable hairstyles.

The space reserved for women was the home. The furnishings of the *domus* (cat. 66), although nearly always anonymous, tell us how they lived at home, spending their time with the help of the slaves in the bedrooms, dining rooms and rooms for bodily care: trapezophores (decorated table legs), braziers, basins (cat. 97), bottles, plates, saucepans, jugs, amphorae, situlae, mugs, glasses, spoons, pans (cat. 91/92), graters (cat. 90), candlesticks (cat. 75/76) and oil lamps (cat. 70-74) These are the only objects that recount the everyday lives of most women, even those in the circle of the emperors, who were sometimes entrepreneurs or, in rare cases, worked in professions similar to those of men, mostly connected with health and commerce.

Roman women certainly could not aspire to prominent roles, and officially the virtues – almost the only ones – attributed to them were domestic, exercised largely within the *domus*, as daughter, wife or mother. The female ideal, to which reference is often made, was represented by Lucretia, who killed herself from shame after being raped by the son of the seventh king of Rome Tarquinius Superbus. Another role model was Cornelia, mother of the "jewels" Tiberius and Caius Gracchus. The heroine, who escaped from the Etruscan king Porsenna by a bold and adventurous action, was considered a legendary rather than a historical figure, a last legacy of the notorious matriarchy and perhaps a memory of the mythical Amazons.

Women certainly could not be described as free in a society in which the *pater familias* exercised extensive rights over them. They could beat their wives and children to the point of causing their death (*ius corrigendi*), or verify with a kiss on the mouth whether the wife had been drinking and if necessary 'correcting' her (*ius osculi*). However, from the end of the Republic, with the emergence of the *gentes* who were contending for power, and then throughout the imperial age, women began to enjoy a certain freedom. They could attend the theatre and religious ceremonies alone, they could dispose of a part of their patrimony, accept inheritances and assume obligations. As empress consorts, the Augustae, they were especially appreciated, not just for their domestic virtues – which were also a model to be followed generally – but also as valued advisors, especially on family matters.

A decisive part was first played in politics by Sempronia, Fulvia and Servilia, in the last century of the Republic. The first of these, the daughter of Caius Gracchus, was a supporter of Catiline, who could count on her and her women friends – Sallust speaks very badly of them – to offer bribes and provoke attacks. Fulvia was active as an opponent of Sempronia, as she was Cicero's agent-spy in Catiline's conspiracy. Servilia was for many years the mistress of Julius Caesar, by whom she had a son, Marcus Junius Brutus. The rumour is confirmed by the words "tu quoque Brute, fili mi!" ("You too, Brutus, my son!") addressed to him by the dying dictator.

Cleopatra was cultured, polyglot, educated in liberal Alexandria and endowed with intelligence and courage certainly superior to those of her husband-brother Ptolemy XIV. She played a decisive role in the destiny of Rome. A daughter of Egypt, where the pharaoh-god and his 'divine' family was the absolute arbiter of political and religious choices, Cleopatra was perhaps the most important woman to wield power in antiquity. A woman could reign, but only in the absence of a male ruler, as happened in some rare cases, and the female pharaoh was compelled to wear the royal false beard. In Cleopatra's case, however, contrary to custom, it was she who married her brother, so ensuring, at least initially, that the divine blood was not contaminated. On his death, she married her younger brother, but she soon realised that the tide of history was turning, and she chose to have the leading men at her side. The Romans disliked her for surrounding herself with Oriental splendour, but Julius Caesar brought her to Rome, with their son Caesarion, though at the same time he did not divorce his Roman wife Calpurnia, whom the people loved for her traditional modesty. After Caesar was assassinated, Cleopatra immediately returned to Egypt, where she fell in love at first sight with Mark Antony. Shakespeare makes Antony say: "But that your royalty / Holds idleness your subject, I should take you / For idleness itself." But then their double suicide makes it clear that while Antony, defeated by Octavian at the battle of Actium, could not live without Cleopatra, she was unwilling to face the shame of being exhibited in the victor's triumph. Shakespeare was well aware that the battle of Actium in the sotituire con Ionian Sea in 31 B.C. marked the emblematic and epoch-making transition between Hellenism and the Roman Age, between Greek and Latin culture, marking the start of five centuries of the Roman Empire. He attributed to Octavian the words "High events as these / Strike those that make them."

The first emperors belonged to the Julio-Claudian lineage (*gens*), the dynasty that the deified Octavian Augustus sought at all costs to establish. They claimed descent from the *pius* Aeneas and through him the goddess Venus. In this period, some of the women with close ties to the emperor gained powers formerly unthinkable. Their relationship to Augustus made them exceptional, but their action was decisive above all in the intricate family relationships that led to the elevation of their candidate, whether son or husband, almost always to the detriment of the other male members of the dynasty. Livia (cat. 126) was the last wife of Augustus. Tiberius, her son by her first marriage, became emperor after the death first of Marcellus, the son of Octavia, Augustus' sister, then of Agrippa, the second husband of Augustus' only daughter Julia, and finally the deaths of her sons Caius and Lucius Caesar, the children adopted by their grandfather Augustus, and Agrippa Postumus, first exiled and then put to death. Caligula reigned from 37-41. He was one of the nine sons of Germanicus, the son of Tiberius' brother and so the nephew of Livia. Germanicus was in line for the succession, but died young. Caligula's mother was Agrippina the Elder, the daughter of Agrippa and Julia and therefore the granddaughter of Augustus. An ambitious, honest woman with a very strong character, she also died in exile before being able to see her son ascend the imperial throne. Claudius (41-54), the brother of Germanicus, was the husband by his third marriage of Messalina, who according to all ancient historians (from Tacitus to Pliny the Elder) had an incalculable number of lovers. According to Juvenal, she gave herself to them at night even in the brothels, while Claudius at first seemed unwilling to acknowledge her behaviour. His fourth marriage was to his very young niece Agrippina the Younger, the sister of Caligula. Nero (54-68) was Agrippina's son by her first marriage. She succeeded in making him emperor at an early age, following the death of Britannicus, the son of Claudius and Messalina, but she was slain by her son, who was impatient of her interference in his affairs.

Informants, conspiracies and instigations to murder form a mostly unedifying picture, almost always aggravated by accusations of debauchery, which the literary sources generally attribute to women.

A positive figure, by contrast, is Pompeia Plotina (cat. 132), the wife of the Emperor Trajan (98-117), a woman of great virtue, a supporter of culture and the arts and a lover of philosophy. She has gone down to history for uttering the phrase, "I enter here as the woman I wish to be when I leave", on entering the imperial palace. She accepted the title of Augusta, not without reluctance, and always remained at her husband's side, maintaining a reserved attitude that on her death, five years after Trajan, made it possible to place the urn with her ashes beside that of her husband in the burial chamber in the base of Trajan's Column. Although she was very reserved, she played a key role in the transmission of power to her husband's successor, the Emperor Hadrian, who dedicated hymns to her and erected a temple in her honour. In *Memoirs of Hadrian* Marguerite Yourcenar makes him say: "My enemies have accused Plotina of taking advantage of the emperor's last moments to make the dying man pen the few words which bequeathed me the power. [...]. She was well aware of the dangers which a decision not taken portended for the State. I respect her enough to believe that she would have agreed to commit a necessary fraud if discretion, common sense, public interest, and friendship had all impelled her to it."

The Syrian Julia Domna (cat. 133) was the second wife of the future emperor Septimius Severus

(193-205), by whom she had two sons, Caracalla and Geta. At first she, too, cultivated her beloved studies far from the political scene, gathering about her a coterie of learned men, with whom she conversed about religion, philosophy and literature. When her husband died, the empire passed jointly to her children, but Caracalla killed his brother, who died in his mother's arms. She was also wounded in the hand during the attack. From then on, the government of the State became her business, partly as a result of the honours that Caracalla bestowed on her. On his death in 217, his mother saw the collapse of the family fortunes, which she had helped to build with great determination and dedication, and allowed herself to starve to death.

An important role was also played in the Severan family by the Syrian Julia Mamaea (cat. 135), who had a reputation for modesty, prudence, and loyalty to the dynasty. She was the daughter of Julia Maesa, and Maesa was the sister of Julia Domna. After Julia Domna's death, Macrinus ruled for fourteen months (April 217-June 218), followed by the brief reign of her sister Julia Soaemias' son Elagabalus (218-222), who proved incompetent and was slain by the Praetorian Guard. At this point Julia Mamaea succeeded in raising her son Alexander Severus (222-235) to the imperial throne. He had already been adopted by his cousin Elagabalus, who, in consideration of his youthful age –he was just fourteen – associated his mother as co-regent with the title of *Consors imperii*, the only woman to officially hold this position during the Roman Empire.

Mamaea accompanied her son on military campaigns, a custom already followed by Julia Domna, and like the latter she received the title of "Mother of the Camps" (*mater castrorum*) in 224. Two years later, the titles of "Mother of the Senate" (*mater Senatus*) and "Lady of the World" (*Domina mundi*) were added. Finally, in 228, she was named "Mother of the Fatherland" (*mater patriae*) in the same way as the emperors, as if reversing the roles between her and her son.

The Capitoline Museums possesses a monumental Attic marble sarcophagus found in the splendid family mausoleum located near Monte del Grano. Reclining on the lid in the form of a *kline* appear a pair of noble figures identifiable as Alexander Severus and his mother.

It is in the funerary sphere that the presence of women is most frequent and evident. The posthumous devotion of husbands and sons was expressed in the dedications of urns, memorial stones, stelae and grave markers, which often record their names, age and the reason for attachment to their memory. This not only served as the recurrent eulogy of traditional feminine virtues, but once again the material memory of the living was increased through the formula *benemerenti*. This generally accompanied the names in the dative in the dedication, expressing the dead woman's merits in life and stressing the state of tranquillity attained, while also serving as an instrument of propaganda in the social ascent of men and their struggle for public office.

This is especially evident in some of the monumental Roman tombs erected from the late 2nd century B.C. both in the environs of Rome and in almost all the Italian cities subject to it, along the great extra-urban roads. Through the size and furnishings of the tombs, an ever-widening circle of people had the opportunity to compete, ensuring that they were no longer an exclusive privilege of a few high-ranking members of society. Everyone probably knows the mighty circular tomb of Caecilia Metella (cat. 162) erected on a tall quadrangular base on the edge of the Appian Way at the gates of Rome. The carvings of arms and trophies allude to military victories and glory, symbolically displaying the family's social status, alluded to in the inscriptions, which presuppose that it was already well known in the community. Less frequent was the cenotaph at the Triopion near the Appian Way, annexed to the villa of Herodes Atticus and protected by a grove, erected in the second century in honour of his wife Anna Regilla (cat. 164), who was buried in Attica. In reality, the monument is the emblem of hypocrisy. She was born to two members of the Roman aristocracy, cultivated, endowed with a good education and a considerable patrimony, the cousin of Faustina the younger, the wife of the emperor Marcus Aurelius (161-180). She was killed by a kick given to her by a freedman in 160, according to her brother, at the behest of her husband, when she was eighth months pregnant with her fifth child.

In the devotional sphere we can also catch some glimpses of female life through the votive objects found in shrines, especially those dedicated to the deities of health and the goddesses who protected of reproduction and fertility. Some anatomical votive offerings depicting the inner organs (probably including uteruses, cat. 182-184), found in Rome, together with female clay figurines in a hoard dedicated to Minerva Medica, testify to anxieties about child-bearing and the reasons for such offerings, deriving from requests for protection and the procedures in fulfilment of a vow.

These are offerings made after a formally signed vow, probably granted, so that the dedicators considered themselves *damnati voti*, forced to fulfil their vow. Often the ex-votos were meant to be an accompanying gift, a tangible commemoration of the granting of the vow, while the fulfilment proper (*solutio voti*) took place through a sacrifice or offerings in money, falling within that complex system of exchanges called the pact, the votive contract, in the context of which something was first asked of the divinity, who was then repaid when the conditions were met.

The ex-votos do not, therefore, speak of complete health but, specifically, of the healing of what was ill: a limb, an external or internal organ, etc. For this reason they were presented following a specific request for healing (*votum pro valetudinem, votum pro aegro*) and confirmed its favourable outcome.

明镜之外的女性：公共领域中的女性形象

玛利亚·保拉·德尔·莫罗
丹尼埃拉·塔博

“你没有提到女性。”

“当你说‘他们’的时候，”俄狄浦斯说，“也包括女性。每个人都明白这一点。”

她说：“那只是你的想法。”

——摘自穆里尔·鲁凯泽《神话》

罗马时代女性在公共场合的“形象”是一个相当复杂的主题，因为它涉及对于从古至今相关记录的收集、重构和批判性解读。这些记录经过了特定的筛选才得以流传至今，其中包括文字、图像和考古资料等。这些多样的记录为我们呈现了一幅比古代历史学家和作家所记述的官方形象更为全面和自由的女性图景。那些作家属于元老院，或与之有着密切联系，他们的记录反映了共和时期男权主义的传统道德观，认为女性应当是“贞洁、勤劳和缄默”的妻子与母亲。通过呈现那些建立和代表着罗马权力的男性的历史，作家们间接地提及了与历史缔造者相关的女性，并常将那些身居高位的女性描述成拥有狼子野心且放荡淫逸的可悲例子。事实上，以美貌、智慧和人格魅力著称的奥古斯塔（皇室女性成员），也会因某些污点而被载入史册。例如，屋大维唯一的女儿大朱莉娅，她被第三任丈夫提比略抛弃；克劳狄乌斯的第三任妻子瓦莱里娅·梅萨利娜；克劳狄乌斯的侄女和最后一任妻子小阿格里皮娜；图密善的妻子多米提雅·朗吉娜；塞维鲁家族的四位尤利亚。她们之中很多人生卒年不详，但有关其失德行为的详细信息却不胜枚举，应是作家们有意图地削弱她们的个人声望。

迷人的大茱莉亚深受年轻贵族和民众的喜爱，但由于自小就被迫进行政治联姻，助长了她的桀骜不驯的性格。然而真正导致她臭名昭著的原因，则是她参与了一场试图推翻屋大维政权的阴谋。根据罗马政权对待皇室女性的一贯手段，大茱莉亚被诋毁成水性杨花且放荡的女人，她被流放到无人居住的文托滕岛。而貌美的梅萨利娜，则因无法忍受嫁给一个跛脚且口吃的老男人，以谋反丈夫之名而获罪，她也在公众舆论中被贴上了皇室娼妇（meretrix Augusta）的标签，据说她会使用化名频繁流连于烟花柳巷。权势显赫的多米提雅·朗吉娜也被指控与人通奸和不伦。她因婚外情被图密善休掉，但后来又被接回宫廷。提图斯的女儿朱莉娅，是因为元老院成员对图密善的仇恨而成为受害者的。图密善被指控为贪欲太重和残忍之人，并与侄女朱莉娅乱伦，最终因强迫她堕胎导致她死亡。塞维鲁王朝时期，以宫廷女性的尔虞我诈而闻名。尤利亚·多姆娜出生于叙利亚，是一位太阳神祭司的女儿，因有预言她将成为皇后而被塞普蒂米乌斯·塞维鲁娶为妻。尤利亚·玛伊莎和她的女儿尤利亚·玛麦亚及尤利亚·索艾米亚斯，在皇位继承人的确立上发挥了重要作用。

因此，从文学资料来看，公元1世纪的罗马由儒略-克劳狄和弗拉维两大家族统治，似乎被卷入了由女性主导的政治阴谋与腐败的黑暗网络中。相比之下，少数几位女性以其卓越的正直品行脱颖而出。最著名的是莉薇娅·德鲁莎，最早的“第一夫人”，深受她的丈夫屋大维的宠爱，他曾在临终时说道：“莉薇娅，请你铭记我们的婚姻，永别了。”（苏埃托尼乌斯《屋大维传》第99章）聪明机智的她生活简朴不铺张，夫唱妇随，一直是屋大维信任的伴侣和顾问。然而，莉薇娅的洁身自好并未使她幸免于恶意的评论。在她的葬礼上，她的侄子卡利古拉称她为“身着斯托拉（女装）的尤利西斯”（苏埃托尼乌斯《卡利古拉传》第23章），并暗示她为了让儿子提比略登上皇位而谋害屋大维指定的继承人。庞培娅·普洛蒂娜（约死于公元122年）也被认为给哈德良继承图拉真之位提供了保障。她受过良好教育，性格内敛且信奉伊比鸠鲁主义哲学，与“优秀的君主”图拉真共同掌权政治、军事和社会生活，甚至在战争中与马尔恰纳和玛提迪雅，即皇帝的姐姐和侄女，一同征战。这三位女性团结一致，致力于用她们的道德声望和财富巩固图拉真的权力，推动社会改革，例如援助贫困人群和实施食物配给制，为孩子们提供食物。这是因为贫困的家庭倾向于只抚养男孩而牺牲女孩。

相对于那些作家以及反帝党派对皇室女性的负面或含糊描述而言，雕像、献词和钱币中提到的这些皇后们显示了她们在帝国宣传中的重要公众地位。新的君主制形式则是以王朝的延续为前提的，因此帝国家族的女性在去世后常被神化成与生育和母性相关的形象（如朱诺、维纳斯等）。她们的形象还呈现了一种专门面向广大女性的自我表达：“风格”，即通过选择发型和服装来体现个人魅力和精致装扮。甚至有一些以她们名义开的美容品和药品的处方流传了下来。尼禄娶波培娅·萨宾娜为妻是因为她的绝世美貌。据说她通过用驴奶沐浴保持皮肤干净柔嫩（老普林尼《自然史》卷28，第183—184节）。这些女性巧妙地通过举止和服饰塑造出优雅的形象，她们穿着精致的服装，面料考究，佩戴金银珠宝，并梳着复杂的发型，以区分不同朝代。由此，每位皇后的风格都成为了一种“时尚”，被富裕阶层的女性争相模仿，她们在丧葬祭典、剧院演出以及乘车出行等外出场合中以这种造型风格示人。因此，罗马皇后们可以称之为当时的“达人”，被罗马女性模仿和羡慕。

男人对普通女性的偏见与他们对皇后的偏见如出一辙。在一个歧视女性并将她们桎梏于家庭囹圄的社会中，女性通过生育和教育子女的能力承担起家庭延续的职责，从而维系国家的延续。脱离于男性权威下的女性被视为不利于社会稳定的威胁。然而，古代的作家们笔下记录了一些独立且非传统的杰出女性形象。那么，女性需要具备什么样的品质才能赢得男性的尊重呢？

第一个被授予公开立像这一公众荣誉的女性是公元2世纪的科尼利亚（Cornelia），她是大西庇阿（Cornelius Scipio Africanus）的女儿，嫁给了比她年长许多的提比略·格拉古（Tiberius Sempronius Gracchus），这在罗马婚姻中很常见，他们共育有十二个子女，其中包括罗马著名政治家格拉古兄弟。科尼利亚称他们为“她的珍宝”，于她而言，孩子们比贵族女性乐于炫耀的珠宝更为珍贵。在失去了九个孩子和丈夫的悲伤中，她拒绝了包括后来成为托勒密八世的埃及王子等在内的求婚者，全身心投入到教育她剩下的两个儿子提比略和盖约之中。她也勇敢且坦然地面对两个儿子的惨死，后隐居在坎帕尼亚的一座房子里，与朋友和文人墨客们聚集在一起。因此，在公元1世纪，哲学家小塞内卡和演说家昆提利安为她立像并颂扬她的高尚品格，以及高雅的文化修养、对丈夫的忠诚、恪守繁衍子嗣的职责和坚定的心灵。

她的故事也象征着妇女获得解放。从公元前3世纪末起，由于婚姻和继承方面的法律变革，妇女获得了解放。已婚妇女不再完全受丈夫的独裁统治，而是在法律上仍与她的原生家庭有着紧密的联系。因此，她可以继承父亲的财产，丧偶后，也可以继承丈夫的遗产。如若她既丧父又亡夫，则可以接手两个家族的财产。这一规定是在第一次布匿战争中男性人口骤减之后引入的。妇女获得新地位最显著的表现是生活的奢华，不仅在自己家中，更重要的是会在家族活动中乘坐昂贵的马车，在仆从的跟随下公开展示珍贵的物品。贵族妇女们在城市的各种外出活动中展示自己华美的服饰珠宝和精致的发型。人们意图通过法律遏制妇女的奢侈行为，但也只是徒劳。公元前195年，妇女们的起义导致了奥庇安法的废除。该法条要求她们不得佩戴超过半盎司的黄金或身着鲜艳颜色的衣服，并且在除宗教仪式外的场合不得乘坐有两匹马以上的马车。公元前42年，三头同盟的屋大维、安东尼和雷必达颁布了一项法令，要求1400位贵妇估算她们的财产，并以此为基础为战事出资。这些贵妇们选择让演说家昆图斯·霍腾修斯的女儿霍尔滕西娅在三头执政官前为她们辩护。在一个排斥妇女享有男性权利、政治和法律职业的社会中，霍尔滕西娅成功地完成了“无人敢当的任务”，主张如果没有政治参与权利就不应纳税。公元1世纪，著名演说家昆体良对她的演讲表示赞赏，并承认女性受教育的重要性：“至于父母，我希望他们受到尽可能高的教育，我这一言论并不仅针对于父亲。据说格拉古兄弟的雄辩能力很大程度上归功于他们的母亲科尼利亚，她曾留下的书信记录证明着她的文采；盖乌斯·莱利乌斯的女儿莱莉亚在演说中再现了她父亲的语言才华；而昆图斯·霍腾修斯的女儿霍尔滕西娅在三头同盟前的演说至今仍被传诵，不仅仅是因为她的性别。”（《雄辩术原理》，I，1，6）。

历史所鉴，在罗马共和国晚期，许多妇女有机会通过继承和接受捐赠来致富。这些财富逐渐囊括了不动产，如土地和企业的所有权，妇女通过在商业和制造业的投资和创业举措，在经济领域发挥着越来越大的作用。这一发生在帝国时代的演变使皇室女性拥有巨大的经济实力，她们拥有土地和工厂。铭文、图像和其他考古发现记录了大量的女性身影，尤其在一些特定领域。值得注意的是，在砖瓦之上印刻的图章显示了女性在建筑材料生产中的重要作用，这与皇帝们接连不断地颁布建筑政策密切相关，他们委托修建了如浴场等辉煌的公共建筑。在公元2至3世纪下半叶的图章中显示，皇室女性如多米提雅·朗吉娜（Domitia Longina）、庞培娅·普洛蒂娜（Pompeia Plotina）和小法斯蒂娜（Faustina the Younger），安东尼·庇护的女儿，马可·奥勒留的妻子，都是大型不动产如黏土矿、林地和陶器作坊的所有者。这些作坊由经理人管理，砖瓦上所记录的355个名字中，有20个是女性，她们经常受到雇佣。许多祭司和贵妇的献词铭文表明了她们会对皇室女性进行一种最具政治意义的效仿——“euergetis（善行）”，即通过建设或修缮建筑或其他行为来慷慨助人。献词可能是由捐助者自己铭刻的，从而表明她在城市公共生活中所起的积

图一　卡文齐亚－马西玛的印章（这是一个活跃于公元2世纪末至少拥有二十年历史的工作坊）（帝国议事广场博物馆，影像档案）

极作用；或者是由受益者奉上的，以示对她权力的承认。

女性在商业、协会赞助、知识工作以及基层行业中的活动，都会以个人题献的形式被记录，包括正式的墓志铭和自己在墙壁上书写的涂鸦等。墓志铭上有时会附有逝者的遗像或象征其职业的工具，通常是为了赞扬女性的家庭贡献和美德，但它们在补充文学、图像和实物资料方面起到了重要作用，阐明了女性在当时所从事的 35 种职业。名门望族中那些受过教育的女性，在大规模葡萄酒和羊毛生产与贸易中，以及手工纺织业中扮演着重要角色。鲜有女性会从事绘画和诗歌等知识性职业，但在共和国晚期已有女性医师和助产士，主要治疗女性患者以维护她们的体面。专属女性的职业，如护理师、美发师和服装制造师等也有相关记录。工人阶级的墓碑浮雕上体现了人们的职业尊严意识：从事助产士、家禽养殖者、蔬菜贩、肉铺会计等职业的女性，将自己描绘成忙碌、活跃的工作者，在商店和街道上与往来的顾客打交道，田野和工厂中也有她们的身影。女性奴隶也因为她们在主人家中的工作而被铭记。另一方面，从事风俗工作的女性也会参与社会活动，由于她们身份敏感，因此在服饰穿着上区别于平常女子。

因此，罗马社会中对女性形象的认知取决于她们的地位和个人能力，体现了出身对于女性重要性的同时，也揭示了罗马女性缺乏能够保障她们享有与男性平等法律地位的民主制度。

Women Outside the Mirror:
The female image in the public sphere

Maria Paola Del Moro
Daniela Tabò

"You didn't say anything about woman."

"When you say Man," said Oedipus, "you include women too. Everyone knows that."

She said, "That's what you think."

Muriel Rukeyser, *Myth*

The theme of how women appeared in public in Roman times is rather complex, as it arises from the collection, revision and critical interpretation of the records that have come down to us from the past filters due to the revision conditions and choices that allowed their transmission through time. These records are written, iconographic and archaeological sources, which in their variety give a more multi-faceted and emancipated image of women than the official version handed down by ancient historians and writers. These people belonged to or were associated closely with the senatorial class, and therefore affirmed the morality of the republican tradition that women should be "chaste, hardworking and silent" wives and mothers. Their general silence about women and indirect references to those who played a part in the lives of the most influential men express a denied or, in the case of prestigious figures, detrimental representation of women. The contrast between the indicative uncertainty about the dates of birth and death of the empresses themselves, and the wealth of detailed information about their immorality, shows that the writer's purpose was to sully their reputations and therefore delegitimise their social role. The women most affected by defamation seem to be those who behaved like men, taking part in conspiracies against other members of their families. Julia (39 BC-14 AD), the only daughter of Augustus, much loved by the young aristocrats and the people, was forced from a very early age into political marriages that sharpened her rebellious temperament. However, it was following her involvement in a conspiracy against her father Augustus that she was accused of debauchery and adultery and exiled to the uninhabited island of Ventotene. The murder of Domitian was probably the reason why his wife Domitia Longina (51/55-post 140 AD.), accused of adultery while the emperor was alive and suspected of having taken part in the conspiracy against the emperor, retained the title of Augusta and a prominent position in Rome.

It was therefore the emperor's will that decreed the condemnation or preservation of the memory of the women of his family, depending on whether they supported or opposed him. Proof of this is also the original first lady of the Empire: Livia Drusilla, Augustus' third wife, whom he loved so dearly that 52 years later, on his deathbed, he said "Livia, live in the memory of our marriage and farewell" (Suetonius, *Augustus*, 99). Intelligent and shrewd, she lived quietly without pomp, conforming to the way of life of her husband, whose advisor and trusted companion she had always been.

Compared to the negative or ambiguous portraits transmitted by contemporary and later writers, however, the public images of empresses, celebrated and disseminated throught statues, dedications and coins, was an expression of imperial propaganda. The new form of power of the principality presupposed dynastic continuity. The women of the imperial families were therefore depicted as female deities and personifications associated with fertility, motherhood and domestic wisdom, and after their deaths they were deified. Their representation was also characterised by an aspect of self-representation aimed specifically at a female public: "style", understood as glamour, personal care and refined ornamentation was expressed in their choices of type of hairstyle and clothing. We have even received recipes for beauty products and medicines in their name. A famous example is the remedy for wrinkles favoured by Poppaea Sabina (30/32-65 AD), whom Nero married for her extraordinary beauty. She kept her skin soft and fair by bathing in donkey's milk (Pliny the Elder, *Naturalis Historia* XXVIII, 183-184). The women attained elegance in posture and clothing by art, wearing garments that were exquisite in the refinement of the materials and the studied arrangement of the folds, adorning themselves with precious jewels and adopting complex hairstyles that identify the different dynasties. The style of the empresses thus set the fashion, and was imitated by the women of the wealthy classes who displayed it on public occasions. So we can recognise the role of the empresses as true "influencers", imitated and envied by Roman women. The preservation of their image, involved, entailed control by the emperor and their own self-control. Despite the political and psychological pressures on empresses and patricians, similarly linked to the public role of representing the family, personal care and cosmetics became an important part of the public appearance of all women, and especially in the last period of the Republican Age and under the Early Imperial Age, of those experts in the arts of love, sung by the elegiac poets.

Society rested on the "Roman paradox", namely the exclusion of women from public life, subject to male authority, but at the same time they were responsible, by bearing and educating children, for ensuring the continuity of the institution of the family that was the foundation of the State. This meant that the independence of women was in any case an exception and a provocation in all social strata. Yet, history testifies that in some cases it was attained and celebrated by the men themselves. So what were the qualities that, for a Roman, gained esteem for a woman?

The first Roman to receive the public honour of a statue was Cornelia (2nd century BC). According to Roman custom, a woman's name did not identify the person, but the family (gens), and therefore her name indicated that she was a member of the Cornelii. Cornelia, however, was capable of asserting her individuality. The daughter of Publius Cornelius Scipio Africanus, she married, in keeping with the custom of marriage, the much older Tiberius Sempronius Gracchus, with whom she had twelve children, nine of whom died in infancy. Widowed when she was still young, she rejected the suitors for her hand, including the Egyptian prince who later became Ptolemy VIII Euergetes, and devoted herself to the education of her sons Tiberius and Gaius Gracchus. When a noblewoman praised her precious jewels, she pointed to her sons and said, "These are my jewels." She endured the violent deaths of Tiberius and Caius, without even the consolation of their burial, with courageous resignation, and retired to her villa at Misenum, where she gathered friends and writers around her. The erection of the statue and the praises addressed to her again in the 1st century AD by the philosopher Seneca and the orator Quintilian celebrated the virtues of family and moral nobility, refined culture, devotion to a single husband, fruitfulness and great composure of soul.

Her history is also a sign of the female emancipation of women attested since late 3rd century BC due to changes to the laws of marriage and inheritance. A married woman was no longer subject to the exclusive authority of her husband, while she was legally bound to her family of origin. Therefore she could inherit her father's property or, if she was widowed her husband's. If she lost both, she inherited the estates of both families. The rule was introduced as a consequence of the decimation of the male population in the Punic Wars. One expression of women's new status was the luxury, flaunted by patrician women at home and especially in public, with the display of precious objects in family processions, the use of precious chariots with handmaids and servants, and ornamentation displayed in elaborate hairstyles, refined clothes and precious jewels. In vain laws were enacted to restrict female luxury. In 195 BC the rebellion of the matrons led to the repeal of the Lex Oppia, a law banning women from wearing more than half an ounce of gold or bright clothes and travelling in carriages drawn by two horses, except during religious ceremonies. In 42 BC, the triumvirs Octavian, Mark Antony and Lepidus issued a measure requiring 1,400 matrons to make an estimate of their wealth and on this basis to contribute to the military expenses against Caesar's murderers. The matrons revolted and obtained even the support of the people in thanks to Hortensia, the daughter of the orator Quintus Hortensius Hortalus. In a society that excluded women from the rights accorded to men, from politics and forensic, Hortensia successfully completed the task "that no man had dared to undertake", concluding her speech with the argument: "Why should women pay taxes, if we are excluded from the judiciary, from public offices, from military command and from the life of the state?" In the first century AD, the great orator Quintilian remembered her speech admiringly and regarded the education of women as important. "As regards parents, I should like to see them as highly educated as possible, and I do not restrict this remark only to fathers : we know that for the eloquence of the Gracchi contributed much the mother Cornelia, whose language full of erudition has also been handed down to posterity in letters. Laelia, the daughter of Gaius Laelius, is said to have reproduced the elegance of her father's language in her own speech, while the oration delivered before the triumvirs by Hortensia, the daughter of Quintus Hortensius, is still read and not merely as a compliment to her sex." (*Institutio Oratoria*, I, 1,6). Women's education, therefore, was considered an additional value for the family as it could be transmitted to children and prove useful to husbands in international contexts, where the mastery of ancient greek was comparable to that of the English language today.

This historical fromework shows that in the late Republican Age many women had the opportunity to enrich themselves with inheritances and donations of land and factories, playing an increasingly important economic role with investments and entrepreneurial initiatives in commerce and manufacturing. The development of this process in the Imperial Age led to the great economic power of the Augustae as owners of land and factories. Inscriptions, images and archaeological relics document a significant female presence, especially in some fields. The stamps impressed on tiles and bricks show women's considerable activity in the production of bricks, or in work carried out under the intense building policy of many emperors, who commissioned magnificent public buildings such as baths. The stamps from the second half of the 1st century to the 3rd century AD show that the women of the imperial family were the owners of large estates of clay quarry and workshops (*figlinae*), included Domitia Longina, Pompeia Plotina and Faustina the Younger (c. 130 -176 AD), this last the daughter of Antoninus Pius and the wife of Marcus Aurelius. The figlinae were managed by workshop foremen (*officinatori*), and among the 355 names returned by the stamps there are 20 female officinators and many of them also employed by women. (fig.1).

The prestige and personal possessions of the Augustae, owners of workshops and landed estates, were not used for themselves, but rather to strengthen the image of the emperor. This is shown by the work of Plotina, Ulpia Marciana (c. 50-115 AD) and her daughter Matidia (68-119 AD), Trajan's wife, sister and niece, aimed to improve the conditions of the Romans through social reforms such as welfare for the poor and the *Institutio Alimentaria*, a programme of food distribution for boys and girls, the latter being disadvantaged by the tendency of the poorer classes to grow up only male children.

The dedicatory inscriptions of numerous priestesses and matrons testify to the most political form of imitation of the Augustae: "euergetism", meaning charitable benefactions to communities by building or restoring buildings or other acts of generosity. The dedication would be placed by the benefactor herself, who thus claimed an active role in the public life of the city, or by the beneficiaries, who recognised her power and prestige.

Women's activities in business, the patronage of associations, intellectual professions and the humblest trades are attested by private epigraphs, both official funerary epitaphs and spontaneous writings such as graffiti on walls, which often refer to streetwalkers. Funerary epigraphs, sometimes accompanied by images of the deceased or their tools, provide useful support to the literary, iconographic and material sources, testifying to at least 35 categories of occupations. Women from the wealthy classes had prestigious roles in large-scale manufacturing and trade of in wine and wool and in spinning and weaving on hand craft scale. Women who practised the profession of "artists" are recorded by a few names handed down by writers: the poetess of elegies Sulpicia (1st century BC) and the five painters with greek names, the daughters of painters and who lived between the 3rd and 2nd centuries BC, mentioned by Pliny the Elder (*Natural History*, 35, 147). Many matrons possessed a literary and rhetorical culture, as shown by Juvenal (50-127 AD) in Satire 6, who objected to their "know-all" behaviour on public occasions at banquets, and the mentions of well-written letters to their fathers, husbands or sons. In addition to being versatile in the humanities, women studied and practised scientific matters, such as those connected with medicine. Already in the late Republican Age there were female doctors, midwives and even surgeons who practised professionally, mainly treating female patients to safeguard their modesty.

The consciousness of the dignity of work is indicated by the clay reliefs displayed on the fronts of the tombs from the 2nd-3rd century AD in the necropolis of Porto in Ostia. They represent women from the middle class of artisans, small business owners and merchants of the city who were often in a libertine state: midwives, sellers of poultry and vegetables, a lady who kept the accounts for a butcher's shop, and other trades. The women of the lower classes were represented, in these reliefs and in the many funerary monuments of ancient Rome, as working women in their lifetimes, employed in the shops and the streets with customers from other classes and both sexes, in the fields and workshops. The prostitutes led their life in public, but as women they were distinguished from respectable wives and mothers by wearing garments identifying their status. However, they and the other women who practised public trades, such as maids or dancers, and female slaves who spent much of their time outside the home because of their work and daily needs, were exposed to violence, often sexual. This could not be reported to the authorities, and was regarded only as damage done to the "property" of their masters.

The representation and perception of women in Roman society, therefore, depended on their rank, and only secondarily on their personal abilities, so revealing the power of their family of origin, and the lack of any legal status making them equal to men.

Fig.1 stamp of Calventia Maxima (the forewoman of a workshop active in the late 2nd century AD for at least 20 years) (Museo dei Fori Imperiali, Photographic Archive)

妻子和母亲：家庭中的女性

娜迪娅·阿尼奥利
露西娅·斯帕纽洛

"她贤惠，照顾家庭，纺织羊毛。"

——摘自克劳迪娅墓志铭（公元前 2 世纪）

在最古老的罗马法律条款中，就确认了女性在法律上的劣势地位。西塞罗称之为"infirmitas"（《为穆列纳辩护》12，27），意为"判断力的薄弱"，用以证明她们被排除在政治、司法、法官、银行家和律师等被称为"virilia officia"（"适合男性的职责"）的社会角色之外的正当性。此外，女性不能在法庭上作证，不能以自己的名义签订合同，不能首先提出与丈夫离婚。她们能做些什么呢？她们可以在年满十二岁后立即结婚，其主要职责是生育许多的子女，成为妻子和母亲。从公元前 4 世纪起，出身富裕和有影响力的家庭的女性，可以参与家庭中已故成员的葬礼仪式，在去世时也能享有公众仪式的纪念。

这种对女性如此明确的法律框架，只有在她们出生时被命运眷顾才有意义并适用。父亲在听到新生女儿的第一声啼哭后，可以命人为她哺乳，从而允许她在家中长大。这个举动表示她被家庭所接受，并获得了家族的名字。但这样的幸运并非理所当然。

除了长女之外，其他的女儿并不一定能享受这样的特权。在许多情况下，拥有权威的大家长（pater familias）可能会决定不接受她，这意味着新生儿注定会被"抛弃"，她可能会被放置在屋外，任其自生自灭，这对新生的女婴来说，无异于被判处死刑。而更糟糕的是，她可能会成为别人的奴隶，一个会说话的工具。婴儿的死亡率非常高，母亲们为了延续家族血脉，不得不生育更多的孩子。然而，过多的继承人对于家族来说也是一种负担，尤其是涉及财产继承问题，因此"弃婴"

的情况经常发生。然而这样的情况助长了妇女遗弃婴儿的行为，她们将不想要的孩子丢弃在垃圾堆和厕所中。到了夜晚，一些因为特殊原因无法拥有子嗣的女性会将这些孩子捡起，以满足她们成为母亲的心愿。

如果罗马家庭中的奶妈奉命为一个女婴哺乳，那么她将开始执行一个严格划分阶段的使命，成为延续罗马年轻一代最重要的“工具”。这些未来公民的举止德行由他们的家庭特别是母亲来培养。因此，一个刚出生的女孩能被哺乳长大的原因，是她注定要成为一个妻子和母亲，一个主妇（matron）。

主妇们承担着抚养和培育子女的任务，这也意味着她们自己也需要拥有良好的教养。在公元1世纪的历史学家瓦莱里乌斯·马克西姆斯的记述中曾引用了著名的科妮莉亚的话，其称：“主妇真正的珍宝是她的孩子们。”

为了成为子女的楷模，主妇必须具备某些传统美德：贞洁（pudicitia），这要求她过隐居的生活；服从（obsequium）、谦逊、忠于丈夫；能有效和高效地组织家庭工作，这象征性地体现在纺织工作中；当然还包括养育子女的能力。从最开始，纺织羊毛就是典型的女性活动。这清晰地体现在公元前6世纪历史学家李维（Livy）讲述的故事中（《罗马史》I，57）。他讲述了塔奎尼乌斯·克拉第努斯的妻子卢克丽霞，被丈夫和他的朋友们发现，深夜仍在勤劳地纺织羊毛：“Nocte sera deditam lanae inter lucubrantes ancillas in medio aedium sedentem inveniunt（深夜，他们发现她在家中，坐在女仆中间，忙于纺织）。”

但是在这一点上，有必要进行一些说明。通过考古证据以及古代世界各方面研究提供的数据和信息，我们可以尝试重建罗马女性在其私人和家庭生活中的主要阶段。但我们所掌握的信息和所知的故事主要涉及的是那些在强大的社会群体，即在富裕家庭中长大的年轻女性，她们有资源接受教育，并利用婚姻来巩固社会和政治联盟。相比之下，出生在较卑微家庭的孩子的生活则少受限制。在这种情况下，她们会学习一些职业技能，使自己能够为家庭做出贡献，而不仅仅是多添一个吃饭的人。

另一点需要强调的是，罗马有着长达数百年的历史，这意味着社会结构、传统和政治经济条件都会随着时间的推移发生深刻的变化，罗马女性的生活也在随之改变。共和国早期发生的情况已不太可能再在帝国时期发生。而且在共和国晚期，内战使得许多政治生活中的主要人物远离权力中心，这也让新的群体崭露头角，主妇们因此也得以进入从前无法企及的公共活动领域当中。

对于处女“virgo”（这个词用于指代十二岁之前的女孩）来说，她最初的人生体验和成长形式无疑是玩耍，这一点至今仍然如此。玩偶（pupae）更是童年的象征（关克瑞佩里亚·特里菲娜墓葬品的更多信息，可参考目录编号118、119、120）。对于女孩来说，生活也不仅仅是玩耍，与同龄的男孩一样，她得先在家里接受基础教育。教育的质量必须与她家庭的地位和所拥有的财富相称。然而，不同于男孩，她的父亲可以在女孩非常年幼时就将她许配出去，尽管只有在她满十二岁时才能举行实际的合法婚姻（matrimonium iustum）。

如前所述，婚姻是建立社会且尤其是政治联盟的主要手段，而离婚则标志着它们的结束。因此，在帝国时代，甚至在共和国晚期，罗马妇女在她们较为短暂的生命中依然会经历多次结婚和离婚。

离婚的习俗似乎由来已久。公元 2 世纪的奥卢斯・格利乌斯所记载的有关公元前 3 世纪斯普里乌斯・卡维利乌斯的故事，是有记载的第一宗离婚案件（《阿提卡之夜》3.2）。他提到尽管卡维利乌斯非常爱自己的妻子，但仍因为妻子不能生育而离婚。这表明女性成为母亲、履行生育职责，是她们在婚姻中所能起到的最主要作用。

举行婚礼之前的步骤是订婚，这是一种不具约束力的互相承诺。新娘的父亲有权解除订婚，而不会因此受到任何特别的惩罚。从婚姻承诺（sponsio）生效的那一刻起，女孩必须在左手的无名指上戴上一枚戒指。根据奥卢斯・格利乌斯流传下来的说法，有一条非常细的神经从这根手指延伸到心脏。这一传统——至今仍然受到尊重——使戴在无名指上的戒指成为维系男女之间爱情的象征。

尽管是由父亲正式地选择女儿的未来丈夫，但我们可以想象母亲们对此事也有发言权。这一点在历史学家李维的记述中得到了确认，根据他的记录，当大西庇阿（普布利乌斯・科尔内利乌斯・西庇阿）没有咨询妻子的意见时，他的妻子艾米莉亚・泰缇亚表达了抗议（《罗马史》第 38 卷第 57 章）。

通常情况下，尽管男女无法选择他们的婚姻对象，但婚姻的基础仍被认为是“婚姻意愿”，即双方愿意并同意结合在一起。如果婚姻未能产生继承人，婚姻意愿的丧失可能会导致婚姻的解体。然而，这种共同意愿的丧失在多大程度上是由于社会和经济因素，而非纯粹的个人原因，就不得而知了。

一年中总有些日子被认为不适合结婚。人们不会在五月结婚，而六月下半月则被认为是结婚的最佳时机（奥维德《岁时记》第 6 卷第 219 页及以后）。

在古罗马，新娘的婚礼礼服，被称为“tunica recta”，是一件简洁的白色长袍，垂至脚踝，并在腰部用一条羊毛腰带系紧，这个结只能由新郎解开。长袍外，新娘会穿上一件黄色的外衣，头发用红色的发网束起，脸上蒙着面纱。头上戴着一顶由马郁草和马鞭草或橙花制成的花冠。面纱（名为“flammeum”）可能是黄色或红色，代表火焰，是好运的象征。面纱同时也会盖在新郎头上以保护这对新人（目录编号 161）。新娘只能在婚礼前一天，在她将童年的玩具和她的处女长袍奉献之后，再进行穿戴仪式，这象征着她从童年向成年的过渡。

婚礼在新娘的家中举行。穿戴完毕后，她会在家中的中庭接待未婚夫以及家人和朋友，进行向众神献祭的仪式。一旦献祭完成，并且检查了祭品动物的内脏以确认神灵的恩宠后，夫妻双方通过宣读“Ubi tu Gaius, ego Gaia”（“你是盖乌斯，我就是盖亚”）的仪式性短语来明确双方结合的共同意愿。宾客们欢呼道：“Feliciter（祝你们幸福）！”这标志着宴会的开始。傍晚，庆祝活动结束后，新娘将要离开亲人的怀抱，并被送到新郎的家中，她必须在不触碰地面的情况下进入新郎的家，这一传统一直延续到现代。

罗马人的婚姻有着多种类型。但在每种情况下，女性都被认为天然不具备独立自主的能力，因此必须受到监护。在“有夫权婚姻”（cum manu）中，女性从原生家庭的监护下脱离出来，转而受到丈夫的监护。在“无夫权婚姻”（sine manu）中，她仍然受制于从亲属中选出的“合法”监护人。但当第一种婚姻形式消失后，在“无夫权婚姻”中，监护权是被忽视的，基本上只剩下一个形式。

一个已婚且属于“无夫权婚姻”的主妇可以自由管理自己的财产，确保她的丈夫无法在未经她同意的情况下抵押或出售她的财产。她可以随意做买卖、发号施令，正如诗人所写道：“世界上没有比一个富有的女人更令人难以忍受的事情了。”（尤维纳利斯 III, 234 ff）

后来，罗马皇帝奥古斯都颁布了一项法律，即“三子法”（Ius trium liberorum），规定拥有三个孩子的女性可以免于被监护。

此外，从哈德良皇帝时代（公元 2 世纪）起，女性不再需要监护人来代立遗嘱。出于对婚姻意愿（affectio maritalis）的尊重，父亲也不可以强迫女儿结婚或反对她们的结婚意愿。正如法学家萨尔维乌斯·尤利安努斯所说，婚姻的关键在于女性的自由意愿，而不是强迫：nuptiae consensu contrahentium fiunt; nuptis filiam familias consentire oportet（婚姻通过双方的同意而缔结；家族中的女儿应当同意婚姻）。

因此，罗马女性在婚姻生活中的地位在几个世纪间也发生了实质性的变化。例如，在公元 1 世纪中叶的弗拉维王朝时期，哲学家盖乌斯·莫索尼乌斯·鲁弗斯就证明了女性逐渐获得了尊严和独立性，他强调了女性在智力和道德上与男性的平等。

这一转变在公元前 1 世纪的内战期间已不可避免，原因在于当时因战乱失去父亲、丈夫和监护人的妻子掌握了他们的大笔财富。

尽管风俗和法律不断改革进步，尤其是对社会地位较高的女性而言，但古老传统的保守原则（mos maiorum）仍然要求她们在家中履行主要职责。这包括生育合法的子女，以延续家族男性的名声和功绩。

此外，女性在社会中也从未完全摆脱男性的暴力和性别歧视行为。在一块由父母安放的纪念普里玛·弗洛伦提亚的墓志铭中，记载了她被丈夫奥菲斯淹死在了台伯河里的经历。在“正式婚姻”外，广泛存在着一种妾室关系。由于奥古斯都在这方面的干预，这也被认为是一种稳定的、合法的关系。妾室可以是主人宠爱的奴隶，主人可以决定她是否获得自由的身份，正因如此，她们会变得对主人更加忠诚，而她们的孩子也可以摆脱不堪的身份。由于这种妾室关系在公众舆论中被广泛接受，不少皇帝的感情关系中也存在妾室，而因为皇帝地位的关系，这些女性对于政治进程有了一定的影响力，就比如苇斯巴芗的妾室卡尼斯。

在帝国时代的鼎盛时期，即公元2至3世纪，女性似乎在家庭之外也拥有了自己的社会角色。除了从事典型的女性职业（如美容师、发型师和裁缝）之外，许多女性还从事零售和批发贸易，成为真正的企业家。

拥有识字和接触文化、哲学以及科学的机会，甚至让女性能够从事医学工作（目录编号149、150、152），照顾男性和女性。罗马女性经常撰写医学论文和理论研究报告，这似乎是在19世纪末至20世纪初现代医学院中才会发生的情况。

Wife and Mother:

The Woman at home

Nadia Agnoli
Lucia Spagnuolo

"Casta fuit, domum seravit, lanam fecit."

"She was virtuous, she tended the house and spun the wool."

Taken from the so-called epigraph of Claudia: 2nd century BC.

The rules of the most ancient Roman law sanctioned the legal inferiority of women to men. Their condition of '*infirmitas*', as Cicero termed it (Pro *Murena*, 12, 27), meaning 'weakness of judgment', was used to justify their exclusion from political offices, the judiciary, the roles of judge, banker and lawyer, all significantly termed '*virilia officia*', ('functions appropriate to men'). Furthermore, women could not testify in court, they could not enter into a contract in their own name, they could not be the first to propose a divorce from their husband. They could, however, marry immediately after the age of twelve, and their primary duty was to beget a large number of children, to become mothers as well as wives. Finally, from the 4th century BC, but only if they came from a wealthy and influential family, they could be active subjects in funerary rituals reserved for deceased members of the family, and were also the recipients of public ceremonies on their deaths.

This legal framework, so clear for a woman, had a meaning and was applied only if fate proved benevolent at their birth. A father, having heard the first cries of his newborn daughter, could order her to be breastfed, thus allowing her to grow up at home. That gesture confirmed her welcome by the family, and the acquisition of the name of the *gens*. But a happy event like this was not to be taken for granted.

Not all daughters, except perhaps the firstborn, enjoyed such a privilege. In many cases, the father of the family (*pater familias*), who had the legal authority, would decide not to accept her and, consequently, the newborn child was destined to be 'exposed', that is, probably placed outside the house and left there to her fate. This meant a death sentence, as a result of abandonment, or, perhaps worse, to become a slave, property in the hands of some master, an implement endowed with speech. The significant incidence of child mortality necessarily made the average number of children born to a mother quite high, in order to perpetuate the family. On the other hand, too many heirs might be a burden on the family estate, hence the frequent use of the practice of 'exposure'. This practice also encouraged the abandonment of babies by women of ill repute, who left their unwanted offspring at garbage dumps and cesspools, used as latrines. Here, at night, matrons afflicted by their infertility would secretly collect the exposed newborns and infants, in order to deceitfully satisfy their desire for motherhood.

If, however, the nurse had received orders to breastfeed the baby, she would then begin a course rigidly marked into stages, which would lead her to become the most important instrument for the perpetuation of the generations of young Romans. The future citizens were brought up to virtue by their families, and in particular their mothers. The little girl accepted at birth would be breastfed, because she was destined to become a wife and a mother, a *matron*.

The *matrons* were entrusted with the task of rearing, training, and instructing their children, and this must have meant that they, too, had received a good upbringing. The real jewels of a matron were her children, so the famous Cornelia is quoted as saying in the account given by Valerius Maximus, a historian of the 1st century AD.

To be a model for her children, the matron was required to embody certain traditional virtues: chastity (*pudicitia*), which condemned her to live mainly in private, obedience (*obsequium*), and fidelity to her husband, modesty, the ability to organise work in the home effectively and efficiently, symbolically summed up in the *lanificii studium*, and of course the ability to raise children. From the earliest times, the spinning and weaving of wool were the typical female activities. This clearly emerges in the story, set the 6th century BC, told by the historian Livy (Ab *Urbe condita* I, 57). He relates that Lucretia, the wife of Tarquinius Collatinus, was found by her husband and his friends late at night hard at work with her wool:

"Nocte sera deditam lanae inter lucubrantes ancillas in medio aedium sedentem inveniunt."

"Late at night they found her busily spinning, seated amid her maids, who were watching, in her house."

But at this point, some clarification is necessary. Through the archaeological evidence and the data and information offered by the studies of the ancient world in its various aspects, we can try to reconstruct the main stages in the life of a Roman woman in her private life and her family. But the information we have and the stories we know refer above all to the strong social groups, namely young women raised in wealthy families, who had the resources to give them an education and who used the instrument of marriage to seal social and political alliances. By contrast, the life of a child born into a humbler family was less restricted. In this case she would have learn some occupation that would enable her to contribute to family's resources and not be just another mouth to feed.

Another point should also be emphasised. The many centuries of Rome's history means that social structures, traditions and political-economic conditions also changed profoundly over time, leading to gradual changes in the lives of Roman women. It is very unlikely that what happened in the early period of the Republic was true of the imperial period. And significant disruption occurred in the late republican age, when the civil wars distanced many of the leading figures in political life from the centres of power, at the same time allowing new subjects to emerge, including the matrons, who had access to spaces of public action previously closed to them.

The first form of experience and growth for the *virgo* (the term used for a girl until the age of twelve) was undoubtedly play, as still happens today. Dolls (*pupae*), in particular, were the symbol of childhood. (See cat. 118-119-120 and the box for further information on the grave goods of *Crepereia Tryphaena*.) But a girl did not just play. Like boys of the same age, she received her first basic education at home. The quality of the education must have been directly proportionate to the importance and wealth of the family into which she was born. Unlike boys, however, she could be betrothed by her father even at a very early age, although the actual marriage, to be legal (*matrimonium iustum*), could be celebrated only when she turned twelve.

Marriage, as mentioned, was the main instrument for forging social and, above all, political alliances, just as divorce marked their end. It is not surprising, therefore, that Roman women, especially in the imperial age, but already by late republican times, might marry and divorce several times in their generally short lives.

The practice of divorce seems to have been quite ancient. As Aulus Gellius, who wrote in the 2nd century AD, tells us, the first recorded case dates from the 3rd century BC, with the story of Spurius Carvilius (*Noctes Atticae* 3.2). He divorced his wife because of her sterility, although he loved her dearly, so revealing that procreation, the woman's role as mother, was the overriding purpose of marriage.

The wedding was preceded by betrothal, a reciprocal commitment that was not binding. The father of the bride-to-be had the right to dissolve the engagement, without this entailing any particular penalties. From the moment of the promise of marriage (*sponsio*) the girl had to wear a ring on the ring finger of her left hand. According to the account handed down to us by Aulus Gellius, a very fine nerve ran from this finger to the heart. This tradition - still respected today - made the ring worn on the ring finger the symbol of the bond between a man and a woman.

Although it was formally the father who chose his daughter's husband-to-be, we can imagine that mothers also had a say. This is confirmed by an anecdote recounted by the historian Livy, who tells us that Aemilia Tertia protested when her husband Scipio Africanus failed to consult in the matter (*Ab Urbe Condita*, XXXVIII 57).

Although, as a rule, a man and a woman could not choose the person they married, just at in case of the *affectio maritalis*, namely agreement and willingness to be so united, was considered the basis of marriage. In the case of a marriage which failed to produce heirs, the loss of *affectio* might lead to its dissolution. We cannot know, however, how far the lack of agreement might have been due to factors of a social and financial nature, rather than purely personal reasons.

There were periods of the year when it was not considered advisable to marry. People did not get married in May, while the second half of June was considered the best time for a wedding (Ovid, *Fasti*, VI, 219 ff.).

In ancient Rome, the bride's wedding dress, the *tunica recta*, was a simple white gown that hung down to her feet, and was cinched at the waist by a woollen belt tied with a knot that only the groom could untie. Over the gown, the Roman bride would wear a yellow surcoat and her hair was gathered into a red hairnet. A veil would cover her face. On her head, a crown of marjoram and verbena, or orange blossom, would be placed over the veil. The *flammeum* (as the veil was called) might be yellow or red, the colours of flame, a symbol of good luck, and it would also be placed over the groom's head to protect the couple (cat. 161). The dressing of the bride could only take place after she had consecrated the toys of her childhood and her virginal robe the day before the wedding, signifying the transition from childhood to adulthood.

The wedding was held in the house of the bride. After dressing, she would receive her betrothed and family and friends in the atrium of the *domus* to perform a sacrifice to the gods. Once the sacrifice had been made and the entrails of the animal had been examined to verify the favour of the deity, the couple made explicit their mutual consent by pronouncing the words: *Ubi tu Gaius*, *ego Gaia*: "Where you are *Gaius*, I am Gaia", a ritual phrase by which their two lives were united and merged. "*Feliciter*, happiness be with you," cried the guests, beginning the feast. In the evening, when the festivities were over, the bride was removed from the embraces of her relatives and taken to the bridegroom's house, which she had to enter without touching the ground with her feet, a tradition still observed today.

Among the Romans there were various types of marriage, but in each case the woman was not considered a responsible subject by nature, and therefore had to be kept under guardianship. In marriage *cum manu*, she was freed from subjection to her family of origin to fall under that of her husband. In marriage *sine manu*, she remained subject to the “legitimate” guardian chosen from among her relatives. When the first form of marriage disappeared, even in marriage sine *manu*, guardianship was neglected, remaining essentially a formal factor.

A matron, married *sine manu*, was free to administer her own property, being assured that her husband would not be able to mortgage or sell it without her consent. She traded and gave orders, and as the poet wrote: “There is nothing in the world more unbearable than a rich woman”: *Intolerabilius nihil est quam femina dives* (Juvenal III, 234 ff).

The emperor Augustus then made a law, the *Ius trium liberorum*, the “Law of three sons”, which established that a woman who had three children was exempt from guardianship.

From the time of the emperor Hadrian (2nd century AD), moreover, women no longer needed a guardian to make a will. Fathers could no longer force their daughters to marry or oppose their desire to marry, accarding to the *affectio maritalis*. As the jurist Salvius Julianus said, in marriage it was the free consent of the woman and not coercion that mattered: *nuptiae consensu contrahentium fiunt; nuptis filiam familias consentire oportet*.

As a result, the position of Roman women in married life also changed substantially over the centuries. The increasing dignity and independence they acquired is testified, for example, in the Flavian era, in the middle of the 1st century AD, by the philosopher Gaius Musonius Rufus, who affirmed women’s intellectual and moral equality with men.

This process of transformation became inevitable during the period of the civil wars, in the 1st century BC, when large fortunes were concentrated in the hands of wives who had lost their fathers, husbands and guardians in the wars.

Despite this progressive evolution of customs and the laws, especially in the case of high-ranking women, the *mos maiorum*, the conservative principles of the tradition, continued to require them to perform their principal functions within the home. This included bearing legitimate children, who would perpetuate the name and deeds of the men of the family.

Moreover, society never completely freed itself from men’s violent and sexist behaviour. A sorrowful funerary inscription placed by her parents commemorates Prima Florentia, who was drowned in the river Tiber by her husband Orpheus. Alongside the ‘just marriage’ was much practised the easy concubinage, a stable union, but 'inferior' to the proper marriage, considered licit, according to Augustus' intervention in the matter.

The concubine could be a favourite slave, whom the master could decide to make free('freedman'), who would be docile and togliere faithful for this reason; if a child was the born, adoption would concel the 'bastard' status.

Concubinage was accepted favourably by public opinion and was also practised by emperors, such as Vespasian—who as a widower took Caenis as his concubine —Marcus Aurelius and Commodus, who had Marcia his concubine. Caenis was not only influential in the emperor's decisions, but was also involved in his assassination.

At the height of the imperial age, between the 2nd and 3rd centuries AD, women seem to have established their role even outside the home. In addition to engaging in typical female occupations (the *mundus muliebris*), as beauticians, hairdressers and seamstresses, many women engaged in retail and wholesale commerce, becoming veritable entrepreneurs.

Literacy and access to culture, philosophy and science even allowed women to practice medicine (cat. 149-150-152), looking after men as well as women. Roman women quite often composed treatises and theoretical studies of medicine, so anticipating what happened in modern medical schools only between the 19th and early 20th centuries.

INDEXES

索 引

1. 戴头纱的贵妇人大理石雕像
Veiled Statue of a Matron

卡比托利欧博物馆—蒙特马尔蒂尼中心

P005 inv.S 2911

2. 雕有女性化妆品的墓碑（石膏复制品）
Tombstone of Poppedia Secunda. Plaster Cast

罗马文明博物馆

P009 inv.MCR 2246

3. 梨形香膏瓶
Unguentarium with Pear-Shaped Body

卡比托利欧博物馆

P010 inv.AC 216

4. 双体香膏瓶
Unguentarium with Double Tube Body

卡比托利欧博物馆

P011 inv.AC 334

5. 圆锥形香膏瓶
Unguentarium with Truncated-Conical Body

卡比托利欧博物馆

P011 inv.AC 335

6. 管状香膏瓶
Unguentarium with Elongated Body

卡比托利欧博物馆

P012 inv.AC 7225

7. 梨形香膏瓶
Unguentarium with Pear-Shaped Body

卡比托利欧博物馆

P012 inv.AC 7239

8. 带有铭文的铅制梳子
Rectangular Comb with Inscriptions

卡比托利欧博物馆

P013 inv.AC 16246

9. 骨质勺形刮刀
Spatula with Spoon-Shaped Stem

卡比托利欧博物馆

P014 inv.AC 6806

10. 骨质鱼形刮刀
Spatula with Fish-Shaped Stem

卡比托利欧博物馆

P014 inv.AC 6997

11. 青铜镊子
Bronze Tweezers

卡比托利欧博物馆

P015 inv.AC 14565

12. 勺形量杯
Spoon-Ladle

卡比托利欧博物馆

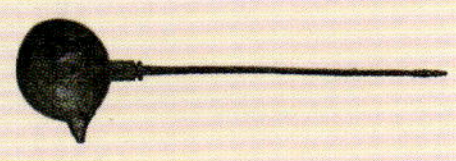

P015 inv.AC 14818

13. 单柄玻璃壶
Jug with Vertical Handle

卡比托利欧博物馆

P016 inv.AC 357

14. 半球形玻璃深碗
Hemispherical Glass Bowl

卡比托利欧博物馆

P016 inv.AC 34042

15. 装饰有小爱神丘比特的小型骨质器物盒
Pyxis (small box) with Cupid in Relief

卡比托利欧博物馆

P017 inv.AC 7188

16. 雕有神话和盥洗场景的化妆盒（电镀复制品）
Proiecta Box Set. Galvanoplasty Cast. Silvered and Gilded Metal

罗马文明博物馆

P018 inv.MCR 2619

17. 绘有母狼哺婴图案的青铜镜
Mirror with the Wolf Nursing the Twins

卡比托利欧博物馆

P019 inv.MAI 49

18. “大乐贵富”四叶蟠螭纹镜
Bronze Mirror with Characters Design

湖南博物院

P020

19. “青盖”龙虎纹铜镜
Bronze Mirror with Sacred Beasts Design

湖南博物院

P021

20. “日光” “昭明”铭文铜镜
Bronze Mirror with Inscriptions in Chinese

湖南博物院

P022

21. “张氏”三虎纹铜镜
Bronze Mirror with Tigers Design

湖南博物院

P022

22. “位至三公”铭文双夔纹铜镜
Bronze Mirror with Kui Pattern and Inscriptions in Chinese

湖南博物院

P023

23. “君宜高官”铭文双夔纹铜镜
Bronze Mirror with Kui Pattern and Inscriptions in Chinese

湖南博物院

P023

24. 手镯
Bracelet

卡比托利欧博物馆

P025 inv.AC 164

25. 手镯
Bracelet

卡比托利欧博物馆

P025 inv.AC 169

26. 手镯
Bracelet

卡比托利欧博物馆

P025 inv.AC 194

27. 发簪
Hairpin

卡比托利欧博物馆

P026 inv.AC 10790

28. 发簪
Hairpin

卡比托利欧博物馆

P026 inv.AC 18620

29. 发簪
Hairpin

卡比托利欧博物馆

P027 inv.AC 18627

30. 发簪
Hairpin

卡比托利欧博物馆

P027 inv.AC 15663

31. 大理石卷发女性头部肖像
Marble Portrait of a Curly Woman

卡比托利欧博物馆

P028 inv.MCS 3428

32. 银戒指
Silver Ring

卡比托利欧博物馆

P029 inv.AC 13042

33. 蓝色玻璃环
Blue Glass Ring

长沙博物馆

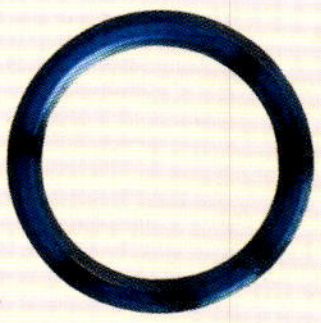

P030

34. 鸡心白玉佩
Jade Pei Pendant

长沙博物馆

P031

35. 韘形玉珮
Jade Pei Ornament

南越王博物院

P032

36. 镂空龙凤纹玉璧
Jade Bi Disc with Dragon and Phoenix Pattern

北京考古遗址博物馆

P033

37. 透雕螭虎纹玉佩
Jade Pei Pendant with Hornless Dragon Pattern

北京考古遗址博物馆

P034

38. 镂空凤纹玉觿（2 件）
Jade Xi Pointed Pendant with Phoenix Pattern

北京考古遗址博物馆

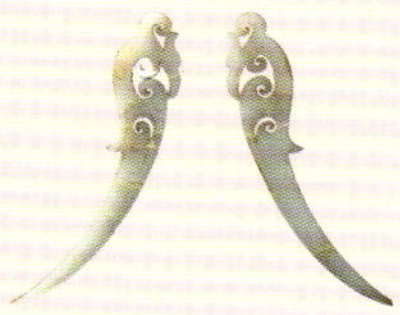

P035

39. 琥珀玛瑙珠串饰
String of Agate and Amber Beads

湖南博物院

P036

40. 夹金玻璃珠串饰
String of Gold-in-Glass Beads

湖南博物院

P037

41. 水晶玛瑙玻璃珠串饰
String of Crystal, Agate and Glass Beads

湖南博物院

P037

42. 各种材质的珠串饰
String of Beads

湖南博物院

P038

43. 铅钡玻璃蜻蜓眼
String of Glass Beads Dragonfly-Eye-Shaped

湖南博物院

P038

44. 金手镯
Gold Bangle

湖南博物院

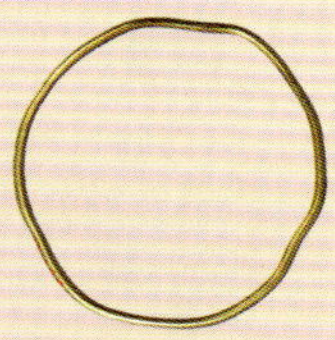

P039

45. 金手镯
Gold Bangle

湖南博物院

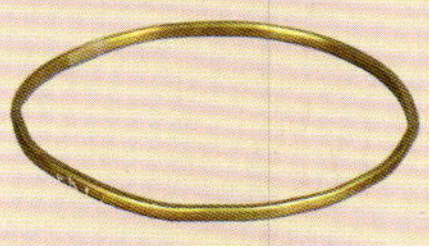

P039

46. 金戒指
Gold Ring

湖南博物院

P040

47. 金戒指
Gold Ring

湖南博物院

P040

48. 金戒指
Gold Ring

湖南博物院

P040

49. 金戒指（2 件）
Gold Rings

湖南博物院

P041

50. 金珠
Gold Beads

湖南博物院

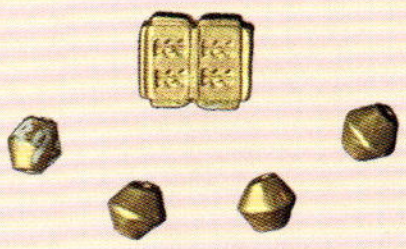

P041

51. 金珠
Gold Beads

湖南博物院

P041

52. 金珠
Gold Beads

湖南博物院

P042

53. 银戒指（6 件）
Silver Rings

湖南博物院

P043

54. 银手镯（3 件）
Silver Bangles

湖南博物院

P044

55. 银手镯（3 件）
Silver Bangles

湖南博物院

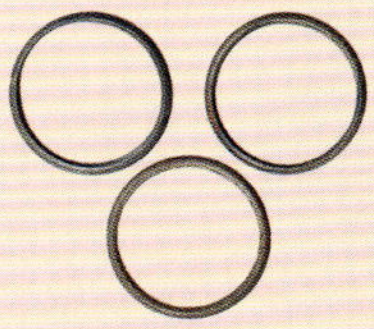

P045

56. 大理石女性半身肖像
Marble Bust of a Woman

卡比托利欧博物馆

P047 inv.MCS677

57. 大理石女性半身肖像
Marble Bust of a Woman

卡比托利欧博物馆

P048 inv.MCS232

58. 大理石年轻女子半身肖像
Marble Bust of a Young Woman

卡比托利欧博物馆

P049 inv.MCS372

59.《庞贝人物》水彩画
Pompeian Figure

罗马市立现代艺术馆

P050 inv.AM151

60. 塑衣式彩绘侍女陶俑
Painted Pottery Maid

汉景帝阳陵博物院

P051

61. 彩绘木俑
Painted Wooden Figure

湖南博物院

P052

62. 彩绘木俑
Painted Wooden Figure

湖南博物院

P052

63. 着衣歌俑
Female Singer Figure

湖南博物院

P053

64. 曲裾式素纱单衣
Plain Unlined Gauze Gown

湖南博物院

P054

65. 带有正弦波纹的多彩马赛克地砖
Polychrome Mosaic Floor Tiles with Patterns

罗马文明博物馆

P057 inv.AC 4462

66. “庞贝悲剧诗人之家”木质模型
Model of the So-Called “House of the Tragic Poet” in Pompeii

罗马文明博物馆

P058 inv.MCR 2145-2146

67. 带有豹首装饰的雪花石膏家具支撑
Alabaster Leopard-shaped Furniture

卡比托利欧博物馆—蒙特马尔蒂尼中心

P060 inv.S 324

68. 陶楼
Pottery House

湖南博物院

P061

69. 鎏金铜铺首
Golden-Gilt Door Knocker

北京考古遗址博物馆

P062

70. 半螺旋形铜油灯
Oil Lamp with Half Volutes

卡比托利欧博物馆

P063 inv.AC 1654

71. 带有天鹅装饰的双口梨形油灯
Oil Lamp with Two Opposing Spouts and Two Swan-Head Appliqués

卡比托利欧博物馆

P063 inv.AC 1674

72. 带有植物图案的双口油灯
Oil Lamp with Two Spouts, with Double Volutes

卡比托利欧博物馆

P064 inv.AC 1659

73. 单口油灯
Single-Spout Oil Lamp

卡比托利欧博物馆

P065 inv.AC 1665

74. 带有喜剧面具图案的铜油灯
Oil Lamp Depicting a Half-Mask of a Comedy Actor

卡比托利欧博物馆

P066 inv.AC 14002

75. 带有植物图案的铜灯台
Phytomorphic Candelabrum with Tripod Base

卡比托利欧博物馆

P067 inv.AC 13682

76. 狮爪形铜灯台
Candelabrum with Lion’s Paws-Shaped

卡比托利欧博物馆

P067 inv.S 2179

77. 赫马佛洛狄忒斯铜像
Bronze Statuette of Hermaphrodite

卡比托利欧博物馆

P068 inv.S 2163

78. 豆形铜灯
Bronze Lamp in the Shape of Dou Vessel

河北博物院

P069

79. “刺庙”牛形铜灯
Bronze Ox-Shaped Lamp

湖南博物院

P070

80. 单柄玻璃瓶
Cylindrical bottle with Ribbon Handle

卡比托利欧博物馆

P072 inv.AC 367

81. 薄壁陶杯
Thin-Walled Pottery Cup

卡比托利欧博物馆

P073　inv.AC 5038

82. 薄壁杯
Thin-Walled Jug

卡比托利欧博物馆

P074　inv.AC 8633

83. 薄壁杯
Thin-Walled Jug

卡比托利欧博物馆

P075　inv.AC 8635

84. 薄壁陶杯
Thin-Walled Pottery Cup

卡比托利欧博物馆

P076　inv.AC 5015

85. 红陶罐
Terra Sigillata Jug

卡比托利欧博物馆

P076　inv.AC 43455

86. 红陶盘
Terra Sigillata Dish

卡比托利欧博物馆

P077　inv.AC 5409

87. 红陶盘
Terra Sigillata Dish

卡比托利欧博物馆

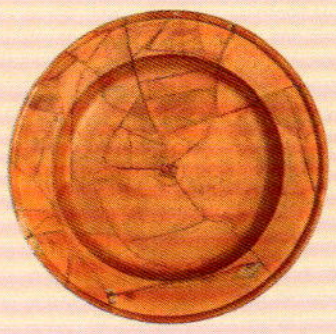

P077　inv. AC 43441

88. 汤匙（水滴形勺头）
Spoon with Drop-Shaped Bowl

卡比托利欧博物馆

P078　inv. AC 1937

89. 汤匙（小提琴型勺头）
Spoon with Violin-Shaped Bowl

卡比托利欧博物馆

P078　inv.AC 1935

90. 青铜擦菜器
Bronze Grater

卡比托利欧博物馆

P079　inv.AC 7571

91. 平底铜锅
Bronze Pan

卡比托利欧博物馆

P080　inv.AC 7596

92. 平底铜锅
Bronze Pan

卡比托利欧博物馆

P080　inv.AC 1695

93. 青铜盘
Bronze Dish

卡比托利欧博物馆

P081　inv.AC 7444

94. 单柄青铜壶
Jug with Vertical Handle

卡比托利欧博物馆

P082　inv.AC 7602

95. 带有垂直把手的青铜双耳瓶
Amphora with Two Vertical Handles

卡比托利欧博物馆

P082　inv.AC 1646

96. 青铜桶
Situla

卡比托利欧博物馆

P083　inv.AC 9814

97. 带支架的铜盆
Bowl on Folding Tripod

卡比托利欧博物馆

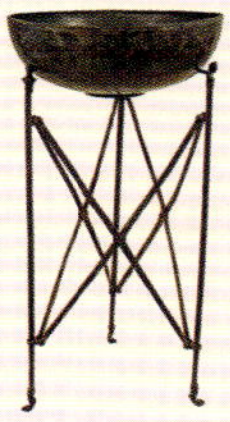

P084　inv.AC 2178,AC 2178 bis

98. 便携式铜火盆
Bronze Portable Brazier

罗马文明博物馆

P085　inv.MCR 2092

99. 铜灶
Bronze Stove

湖南博物院

P086

100. "渔阳"王后漆盘
Lacquered Tray with Inscriptions of the Name of Empress

长沙市文物考古研究所

P087

101. 铜染器
Bronze Hot Pot

湖南博物院

P088

102. 铜奁、铜勺
Bronze Lian Box and Spoon. Plaster Cast

湖南博物院

P089

103. 铜钫
Fang Wine Vessel

河北博物院

P090

104. 铜锺
Zhong Wine Vessel

河北博物院

P090

105. 鹦鹉陶杯
Parrot-Shaped Pottery Cup

湖南博物院

P091

106. 舞者浮雕（复制品）
Relief with a Dancing Maiden. Plaster Cast

罗马文明博物馆

P093　inv.MCR 1689

107. 舞蹈陶俑
Painted Pottery Dancer

汉景帝阳陵博物院

P094

108. 玉舞人
Jade Dancer

北京考古遗址博物馆

P095

109. 玉舞人
Jade Dancer

南越王博物院

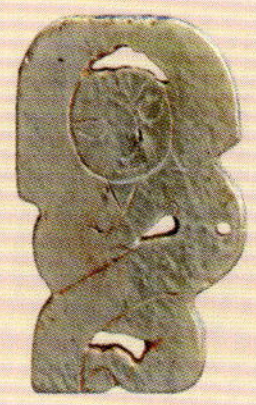

P095

110. 宴饮叙谈画像砖
Brick Relief with a Scene of Banquet

成都博物馆

P096

111. 杂技盘舞画像砖
Brick Relief with a Scene of an Acrobatic Performance

成都博物馆

P096

112. 仙人六博画像砖
Brick Relief Depicting the Faries Playing Liubo Board Game

成都博物馆

P097

113. 鎏金博局纹镜
Golden-Gilt Mirror with Boju Chessboard Design

湖南博物院

P097

114. 象牙六博棋子
Liubo Chess Pieces

北京考古遗址博物馆

P098

115. 青玉六博棋子
Jade Liubo Chess Pieces

南越王博物院

P100

116. 水晶六博棋子
Crystal Liubo Chess Pieces

南越王博物院

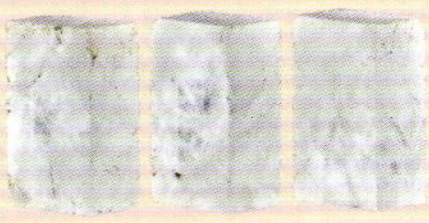

P101

117. 宫中行乐铜钱
Bronze Coins for Entertainment

河北博物院

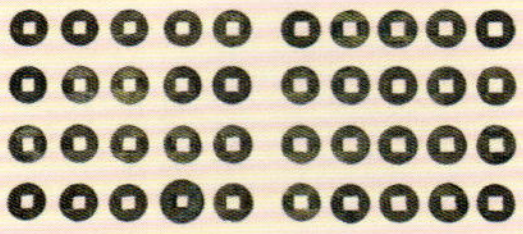

P102

118. 骨质娃娃
Bone Dolls

卡比托利欧博物馆

P104 inv.AC 16804

119. 骨质娃娃
Bone Dolls

卡比托利欧博物馆

P104 inv.AC 16803

120. 蹲坐的女童雕像(复制品)
Statue of a Seated Girl. Plaster Cast

罗马文明博物馆

P105 inv.MCR 2166

121. 南越王赵眜右夫人组玉佩
Jade Pendant

南越王博物院

P109

122. "曹嫚"玛瑙印
Agate Seal Inscribed with *Cao Zhuan*

长沙博物馆

P110

123. 双面三凤蒲纹玉璧
Jade Bi Disc with Phoenix and Hexagonal Net Design

长沙博物馆

P110

124. "窦绾"铜印
Bronze Seal *Dou Wan*

河北博物院

P111

125. 金饼
Cake-Shaped Gold Pieces

河北博物院

P112

126. 莉薇娅大理石雕像
Marble Statue of Livia

卡比托欧博物馆

P113 inv.MCS 38

127. 奥古斯都金币
Gold Coin with Augustus Portait

卡比托欧博物馆

P114 inv.med 03110

128. 奥古斯都和莉薇娅头像玻璃模具
Glass Mold with Augustus and Livia

罗马博物馆

P115 inv.MR 26507

129. 罗马诗人维吉尔在奥古斯都宫廷阅读《埃涅阿斯纪》的玻璃模具
Glass Mold with Virgil Reading *the Aeneid* at the Court of Augustus

卡比托利欧博物馆

P116　inv.MR 27779

130.《阿庇亚道上的莉薇娅的奴隶和自由民的墓地》蚀刻版画
Printed Sepulchre of *Livia's Freedmen and Servants*

罗马博物馆

P117　inv.GS 5132

131.《奥古斯都家族的奴隶和自由人的墓地》蚀刻版画
Printed Cutaway View of *the Tomb Chamber of the Freedmen and Servants of the Family of Augustus*

罗马博物馆

P118　inv.MR 37950

132. 普洛蒂娜大理石肖像
Marble Portrait of Plotina

卡比托利欧博物馆

P119　inv.S 439

133. 尤利亚·多姆娜大理石肖像
Marble Bust of Julia Domna

多里亚·潘菲利别墅

P120　inv.MVDP 140

134. 银币
Silver Coin

卡比托利欧博物馆

P121　inv.med 04164

135. 铜币
Bronze Coin

卡比托利欧博物馆

P122　inv.med 04344

136. 尾端带流苏的亚麻披肩
Stole with Long Fringes at the Ends

卡比托利欧博物馆

P124　inv.AC 4945

137. 陶质织布机配重
Loom Weight

卡比托利欧博物馆

P125　inv.AC 31345

138. 陶质织布机配重
Loom Weight

卡比托利欧博物馆

P126　inv.AC 29411

139. 陶质织布机配重
Loom Weight

卡比托利欧博物馆

P126　inv.AC 31066

140. 陶质织布机配重
Loom Weight

卡比托利欧博物馆

P127　inv.AC 30380

141. 陶质织布机配重
Loom Weight

卡比托利欧博物馆

P127　inv.AC 29343

142. 红陶纺轮（8 件）
Red Pottery Spindles

卡比托利欧博物馆

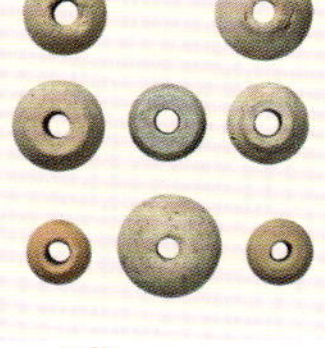

P128　inv.AC 10179,10183,10186,10188,10191,10195,10399,10400

143. 描绘纺织故事的玻璃模具
Glass Mold with Pallas Athena Turning Arachne into a Spider

罗马博物馆

P129　inv.MR 27712

144. 采桑画像砖
Brick Relief with a Scene of Picking Mulberries

成都博物馆

P130

145. “东织令印”铜印
Bronze Seal Cast with
Dong Zhi Ling Yin

汉景帝阳陵博物院

P131

146. 丝质针衣
Sewing Kit

湖南博物院

P132

147. 骑马女陶俑
Painted Pottery Female Cavalry

汉景帝阳陵博物院

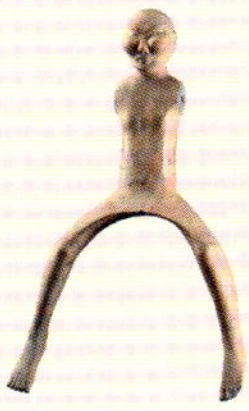

P133

148. 骑马女陶俑
Painted Pottery Female Cavalry

汉景帝阳陵博物院

P134

149. 阿西利亚·波利亚女医生的墓志铭（复制品）
Asyllia Polla Funerary
Inscription. Plaster Cast

罗马文明博物馆

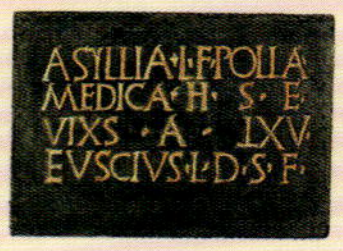

P135 inv.MCR 2975

150. 青铜勺形医用器械
Probes for Medical Use

卡比托利欧博物馆

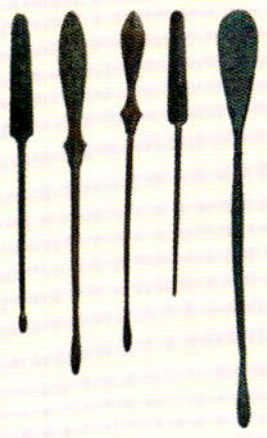

P136 inv.AC 14587,14007
6750,1912,14583

151. 金医针
Gold Needle

河北博物院

P137

152. 分娩场景浮雕（复制品）
Relief with a *Scene of*
Childbirth. Plaster Cast

罗马文明博物馆

P137 inv.MCR 2973

153. 《女性分娩场景》蚀刻版画
Printed *Scene of Childbirth*

罗马市历史档案馆

P138 inv.tav.17

154. 酿酒画像石砖
Brick Relief with a Scene
of Wine Production

四川博物院

P139

155. 着衣式彩绘侍女陶俑
Painted Pottery Maid

汉景帝阳陵博物院

P140

156. 着衣式彩绘侍女陶俑
Painted Pottery Maid

汉景帝阳陵博物院

P141

157. 塑衣式彩绘持帚女俑
Painted Pottery Maid
with a Broom in Hand

汉景帝阳陵博物院

P142

158. “萨福式”大理石方柱形头像
Sappho-Type Herm

多里亚·潘菲利别墅

P143 inv.MVDP.193

159. 草叶纹铭文铜镜
Bronze Mirror with Grass Leaf
Patterns and Inscriptions

汉景帝阳陵博物院

P147

160. 婚礼场景石棺残件
Fragment of a Sarcophagus
with a Wedding Scene

卡比托利欧博物馆
—蒙特马尔蒂尼中心

P148 inv.S 2783

161.《阿尔多布兰迪尼婚礼》蚀刻版画
Printed *Aldobrandini Wedding*

罗马市历史档案馆

P150 inv.tav.61

162.《塞西莉亚·梅特拉的陵墓》蚀刻版画
Printed *Mausoleum of Cecilia Metella*

罗马博物馆

P151 inv.MR 9633

163. 布莱西家族的石灰岩墓碑
Tomb Relief of the Blaesii Famivy

卡比托利欧博物馆
—蒙特马尔蒂尼中心

P151 inv.S 2279

164. 安妮亚·雷吉拉的陵墓模型
Model of the Tomb of Annia Regilla

罗马文明博物馆

P152 inv.MCR 2204

165. 达夫尼斯之妻阿斯特的墓碑大理石浮雕
Marble Relief of Daphnis Gravestone

卡比托利欧博物馆

P153 inv.S 104

166. 克劳迪娅·普里米杰尼亚的大理石骨灰瓮
Cinerary urn of Claudia Primigenia

卡比托利欧博物馆
—蒙特马尔蒂尼中心

P154 inv.S 2826

167. 雕有费里希塔丝的大理石浮雕墓碑
Marble Relief Grave stone Carved with Felicitas

卡比托利欧博物馆
—蒙特马尔蒂尼中心

P155 inv.S 1999

168. 维斯塔贞女大理石头像
Portrait Head of a Vestal Virgin

卡比托利欧博物馆
—蒙特马尔蒂尼中心

P157 inv.S 2439

169. 雕有塞壬的陶质小型祭坛
Small Altar (Arula) in the Form of an Hourglass

卡比托利欧博物馆

P158 inv.AC 5121

170. 雕有骑在海豚上的涅瑞伊得斯陶质小型祭坛
Small Altar (Arula) in the Form of a Parallelepiped

卡比托利欧博物馆

P159 inv.AC 4962

171. 雕有骑在公牛上的有翅女性形象陶质小型祭坛
Small Altar (Arula) in the Form of an Hourglass

卡比托利欧博物馆

P160 inv.AC 6311

172. 祭祀用陶质女性头像
Pottery Votive Statue

卡比托利欧博物馆

P161 inv.AC 2591

173. 陶质人形祭品
Pottery Votive Statuette

卡比托利欧博物馆

P162 inv.AC 5422

174. 陶质人形祭品
Pottery Votive Statuette

卡比托利欧博物馆

P163 inv.AC 5948

175. 陶质人形祭品
Pottery Votive Statuette

卡比托利欧博物馆

P163 inv.AC 2627

176. 陶质人形祭品
Pottery Votive Statuette

卡比托利欧博物馆

P164 inv.AC 5605

177. 陶质人形祭品
Pottery Votive Statuette

卡比托利欧博物馆

P164 inv.AC 2624

178. 陶质人形祭品
（襁褓中的婴儿）
Pottery Votive Statue: Child in Swaddling Clothes with Head Veiled

卡比托利欧博物馆

P165 inv.AC 2647

179. 陶质人形祭品
（组合雕像）
Pottery Anthropomorphic Votive Statuette

卡比托利欧博物馆

P166 inv.AC 5992

180. 铜质人形祭品
Bronze Votive Statuette Identified as Minerva

卡比托利欧博物馆

P167 inv.AC 14186

181. 铜质人形祭品
Bronze Votive Statuette Identified as Minerva

卡比托利欧博物馆

P167 inv.AC 14187

182. 陶质子宫形祭品
Pottery Votive Sculpture: Uterus

卡比托利欧博物馆

P168 inv.AC 5707

183. 陶质子宫形祭品
Pottery Votive Sculpture: Uterus

卡比托利欧博物馆

P168 inv.AC 5708

184. 陶质子宫形祭品
Pottery Votive Sculpture: Uterus

卡比托利欧博物馆

P168 inv.AC 5710

185. 丽达与天鹅大理石雕塑
Statue of Leda with the Swan

卡比托利欧博物馆

P169 inv.S 302

186.《丽达与天鹅》蚀刻版画
Printed *Leda and the Swan*

罗马博物馆

P170 inv.MR 15355

187. 描绘珀耳修斯和安德罗墨达的彩绘石膏壁画
Fresco with Perseus and Andromeda

卡比托利欧博物馆

P171 inv.AC 4478

188. 献给伊西斯的大理石祭坛
Altar of Isis

卡比托利欧博物馆
—蒙特马尔蒂尼中心

P172 inv.S 1526

189. 伊西斯大理石浮雕
Fragment of a Relief Depicting Isis Frugifera

卡比托利欧博物馆
—蒙特马尔蒂尼中心

P172 inv.S 2448

190. 伊西斯－福尔图娜大理石雕像
Statue of Isis - Fortuna

卡比托利欧博物馆
—蒙特马尔蒂尼中心

P173 inv.S 928

191. 女神伊西斯大理石雕像
Statue of Isis

卡比托利欧博物馆
—蒙特马尔蒂尼中心

P174 inv.S 946

192. 叉铃（复制品）
Reproduction of Sistrum

罗马文明博物馆

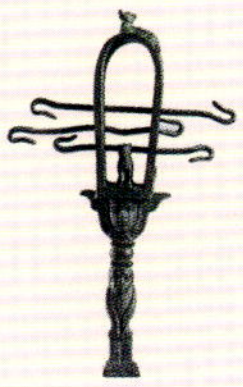

P175 inv.MCR 2869

193. 献给密涅瓦的大理石祭坛
Altar of Minerva

卡比托利欧博物馆

P176　inv.S 1909

194. 幸运女神福尔图娜形象的克劳迪娅·尤斯塔大理石雕像
Statue Claudia Iusta Represented as the Goddess Fortuna

卡比托利欧博物馆
—蒙特马尔蒂尼中心

P176　inv.S 933

195. 许癸厄亚大理石雕像
Statue of Hygieia

博尔盖塞别墅

P177　inv.VB 347

196. 供奉拉尔的大理石小型基座
Small Base Dedicated to the Lares

卡比托利欧博物馆

P178　inv.S 1566

197. “含羞维纳斯”大理石雕像
Headless Statuette of Aphrodite Pudica

卡比托利欧博物馆
—蒙特马尔蒂尼中心

P179　inv.S 1558

198. 赫卡忒大理石雕像
Statuette of Hecate

卡比托利欧博物馆
—蒙特马尔蒂尼中心

P180　inv.S 1560

199. 献给母神的大理石祭坛
Altar Dedicated to Cybele

卡比托利欧博物馆

P181　inv.S 321

200.《三位女神》蚀刻版画
Printed *Three Goddesses*

罗马市历史档案馆

P182　inv.tav.8

201.《雷亚·西尔维亚和马尔斯》蚀刻版画
Printed *Rhea Silvia and Mars*

罗马市历史档案馆

P183　inv.tav.31

202.《墨丘利和抱着婴儿的妇女》蚀刻版画
Printed *Mercury and Women with Infants*

罗马市历史档案馆

P184　inv.tav.16

203.《梳妆的维纳斯》蚀刻版画
Printed *Venus in the Mirror*

罗马市历史档案馆

P185　inv.tav.11

204. 描绘亚马逊女战士的石棺
Sarcophagus with Scene of a Battle between Amazons and Greeks

卡比托利欧博物馆

P186　inv.MC S 726

205. “安乐如意 长寿无极”对鸟菱形纹绮丝绵袍残片
Fragment of Garment with Chinese Characters

湖南博物院

P188

206. “吕氏”五乳仙人禽兽纹铜镜
Bronze Mirror with Inscriptions and Immortals and Animals Designs

湖南博物院

P189

207. “长沙王后”铜博山炉
Incense Burner in Boshan Mountain Shape

湖南博物院

P190

208. 铜博山炉
Incense Burner

湖南博物院

P191

209. 日神羽人画像砖
Brick Relief Depicting the Sun-Deity

四川博物院

P192

210. 月神羽人画像砖
Brick Relief Depicting the Moon-Deity

四川博物院

P192

211. 西王母画像砖
Brick Relief Depicting the Queen of the West

四川博物院

P193

212. 辛追墓 T 形帛画
T-Shaped Painting on Silk from Xin Zhui's Tomb

湖南博物院

P194

213. 大理石女童肖像
Portrait of a Girl

卡比托利欧博物馆

P196 inv.S 1744

214. 大理石女孩胸像
Portrait Bust of a Girl

卡比托利欧博物馆

P196 inv.S 201

215. 大理石少女半身像
Marble Bust of a Maiden

卡比托利欧博物馆
—蒙特马尔蒂尼中心

P196 inv.S 956

216. 大理石年轻女性头部肖像
Portrait of a Young Woman

卡比托利欧博物馆

P197 inv.S 1795

217. 大理石女性头像
Marble Bust of a Woman

多里亚 · 潘菲利别墅

P197 inv.MVDP 190

218. 大理石老年妇女肖像
Portrait of an Elderly Woman

卡比托利欧博物馆

P197 inv.S 3024

219. 哺乳陶俑
Pottery Figure of a Woman Nursing Her Baby

四川博物院

P198

POSTSCRIPT

后　记

本书是“彼美人兮：两汉罗马时期女性文物展”同名配套图录。2023 年年中，在马王堆汉墓完成考古发掘 50 周年的系列活动的筹备会上，马王堆汉墓及藏品研究展示中心的喻燕姣主任就提出 2024 年作为马王堆汉墓考古发掘的一个大年，应当以一次特展为媒介，从新的视角向观众展示和阐释有关“马王堆”“辛追”的最新研究成果与文化内涵。在策展组数次的沟通与讨论下，考虑到当今妇女史卓著的研究成果与文化互鉴的时代背景，最终决定以“辛追”为引，以两汉罗马时期的女性为主题，策划一场特展。这既是对马王堆汉墓考古发掘成果的铭记，也是对历史中两大文明中“她力量”的一次致敬。

湖南博物院与意大利文博界一直保持着友好交流合作的传统，2018 年湖南博物院就曾携手意大利等国内外的数十家博物馆，联合举办了“在最遥远的地方寻找故乡——13—16 世纪中国与意大利的跨文化交流”展览。得益于中意协作办展的历史和北京坤远文博展览有限公司的积极联络，罗马文化遗产监督管理局对本次国际交流展览的策划给予了积极回应。双方于 2023 年 9 月共同组建策展小组，开始着手搜集藏品、筹备展览。

展览由湖南博物院和北京坤远文博展览有限公司的研究人员共同策划，同时由罗马文化遗产监督管理局负责进行意方内容的组织。最终，展览以马王堆汉墓与卡比托利欧博物馆珍藏为核心，并获得国内外 19 家文博机构支持，选取了两汉罗马时期的女性相关文物共计 219 件（套），涵盖雕塑、玉器、青铜器、玻璃器、织物、砖石、绘画等多个类别，用实物呈现女性丰富的精神世界和女性力量。展览结构分为“怡然燕居”“巾帼风韵”“花好人团圆”三个单元，以东西方崛起的汉王朝与罗马帝国的女性为主体，以女性生命中的家庭生活、社会生活及情感生活三个主要生活场景为脉络，再现两千年前东西方文化中绚丽多彩的女性叙事。通过东西方文物的对话，揭示不同文化背景下女性们各美其美的文化特色和美美与共的理想追求。

习近平主席在 2019 年访问意大利前夕发表署名文章讲道：“中国和意大利两个伟大文明的友好交往源远流长。早在两千多年前，古老的丝绸之路就让远隔万里的中国和古罗马联系在一起。”本次特展，以女性的独特视角再现了这种文明之间的联系，并以其背后所蕴含的丰富文化内涵，搭建起新时代文明交流互鉴的桥梁。

展览的高水平呈现，离不开多方的鼎力支持。罗马文化遗产监督管理局与意大利 Arteficio 有限公司，以专业的学术素养与敬业的工作精神，为展览如期举办贡献了重要力量；意大利驻华大使馆、意大利驻华大使馆文化处、中国文物交流中心、中华文物交流协会、中国文物学会与湖南省妇女联合会为本次展览给予了特别协助；同时，获得了河北博物院、南越王博物院、汉景帝阳陵博物院、北京考古遗址博物馆、四川博物院、成都博物馆、长沙博物馆、长沙市文物考古研究所等各家文博单位的大力支持，才得以为观众呈现了这场文化饕餮盛宴。展览最终的成功落地，离不开湖南博物院和北京坤远文博展览有限公司策展组所有成员的齐心协力。最后，本次展览需要感谢策展团队中所有女性成员在文字内容、平面设计及空间设计的思考与表达，她们的活跃使得展览的呈现更具女性特质。

如上所述，展览是所有人勠力同心的成果。湖南博物院马王堆汉墓及藏品研究展示中心是展览的负责部门，由喻燕姣主任主持工作，许宁宁博士担任展览策展人。展览内容策划具体分工如下：

喻燕姣：担任展览大纲的学术指导；

许宁宁：进行整体框架的协调，内容审核及修改，撰写单元说明、前言、结语、后记；

黄晨曦：负责第一单元统稿，撰写第一单元共六组的内容；

李明洁：负责第二单元统稿，撰写第二单元第一组的内容；

陈锐：撰写第二单元第二组的内容；

王卉：撰写第二单元第三组的内容；

苏妤：负责第三单元统稿，撰写第三单元第一组的内容；

欧阳小红：撰写第三单元第二组的内容。

北京坤远文博有限公司的刘家朋、顾赫然、马天怡、陈芷茗等人，与意方策展团队积极联络，为展览提供了大量的翻译文稿及图片资料，并参与了部分文本的撰写，梁潇、吉聪、魏琦、周宏浩等人主持了展厅的大部分设计内容。

此外，本次展览图录在岳麓书社的精心编排下得以顺利出版，感谢岳麓书社文博考古编辑部邱建明、包文放、鲁云云、庞若溪的辛苦工作。

每一次展览的成功举办，都是独一无二的历程，也是一次社会文化力量的大集结，在充满艰辛与挑战的路上，感谢所有参与本次展览的同仁们，借此向大家表示崇高的感谢与敬意。

“彼美人兮：两汉罗马时期女性文物展”项目组

2024 年 8 月

图书在版编目（CIP）数据

彼美人兮：两汉罗马时期女性文物展/ 湖南博物院，北京坤远文博展览有限公司编著. --长沙：岳麓书社，2024.12

ISBN 978-7-5538-2083-5

Ⅰ. ①彼…　Ⅱ. ①湖…　②北…　Ⅲ. ①女性－文物—介绍—中国、意大利　Ⅳ. ①K877　②K885.46

中国国家版本馆CIP数据核字(2024)第102220号

彼美人兮：两汉罗马时期女性文物展

BI MEIREN XI : LIANGHAN LUOMA SHIQI NVXING WENWU ZHAN

编　　著：湖南博物院　北京坤远文博展览有限公司

出 版 人：崔　灿
出版统筹：王文西
责任编辑：邱建明　包文放　鲁云云
助理编辑：庞若溪
责任校对：舒　舍
装帧设计：帧艺坊文化

岳麓书社出版发行
地　　址：湖南省长沙市爱民路47号
直销电话：0731-88804152　0731-88885616
邮　　编：410006

版　　次：2024年12月第1版
印　　次：2024年12月第1次印刷
开　　本：889 mm × 1194 mm　1/16
印　　张：17.5
字　　数：405千字
书　　号：ISBN　978-7-5538-2083-5
定　　价：288.00元
承　　印：长沙新湘诚印刷有限公司
电　　话：0731-88884129（如有印装质量问题，请与本社印务部联系）